Wilhelm Busch für jeden Tag

Wilhelm Busch im Selbstporträt

Wilhelm Busch
für jeden Tag

herausgegeben
von
Andreas Pintscher

Pattloch Verlag

Pattloch Verlag, Augsburg
© Weltbild Verlag GmbH, 1991
Satz: 9/9,5 Garamond von Fotosatz Völkl, Germering
Druck: Appl, Wemding
Printed in Germany
Lederbindung: Großbuchbinderei Monheim

ISBN 3-629-00578-0 (Leder)
ISBN 3-629-00593-4 (Pappband)

Vorwort

„Man ist ein Mensch und erbaut sich gern an den kleinen Verdrießlichkeiten und Dummheiten anderer Leute." Dieser Satz aus Wilhelm Buschs selbstbiographischem Beitrag „Von mir über mich" (1899) liefert vielleicht den Schlüssel zur Charakteristik seines Humors in den unzähligen Versen und Bildergeschichten, die ihn zu einem der ganz großen deutschen Humoristen gemacht haben. Schadenfreude als einer der Ursprünge des Humors. Die Blamage des Mitmenschen, die komische, karikierende Darstellung des Leidens der anderen, ihre groteske Verstricktheit in peinliche Situationen – sie lösen befreiendes Gelächter aus. Busch hat dies erkannt, dichtend und zeichnend umgesetzt und sich damit als großer Menschenkenner erwiesen, was ihm das Lachen und den Erfolg bei seinen Lesern eingetragen hat. Denn wer erkennt sich zum Beispiel nicht auch selbst wieder in jenem Bauern Schlich aus „Plisch und Plum", der bei allen kostspieligen Widrigkeiten, die Papa Fittig durch die Streiche seiner Söhne Peter und Paul erleidet, immer zur Stelle ist mit dem so zufriedenen, stets wiederkehrenden Satz: „Ist fatal", bemerkte Schlicht, „He he!, aber nicht für mich!"?

Doch in dieser Schadenfreude, Bosheit und manchmal auch Grausamkeit schwingt nicht selten ein melancholischer Grundakkord mit, der den Dichter als Mitleidenden ausweist. Einen, der weiß und trauert um die Unzulänglichkeit des Menschen und seine Mittelmäßigkeit.

Ironische Skepsis gegenüber einer bürgerlichen Moral-Maxime, die Onkel Nolte in „Die fromme Helene" so formuliert: „Das Gute – dieser Satz steht fest – ist stets das Böse, was man läßt!" Busch schreibt 1875 seiner holländischen Brieffreundin Maria Anderson dieser Auffassung Vergleichbares: „Unser Dasein besteht aus Wollen. Wollen ist Wünschen. Wünschen setzt Mangel voraus. Mangel ist Schmerz."

Aber das ist schon der andere Busch, der ein wenig abgeklärte, der bei allem scharfzüngigen Spott immer auch etwas Tröstliches parat hat, wie das in vielen seiner Gedichte („Kritik des Herzens", „Schein und Sein") zu spüren ist.

Ungleich tiefer jedoch im Bewußtsein der Busch-Verehrer verankert ist jener treffsichere Zeichner und Zeitkritiker, der sich mit seinen großen Werken wie etwa „Max und Moritz", „Die fromme Helene" oder „Der heilige Antonius von Padua" als satirischer Verspötter einer biedermeierseligen Zeit ausweist. Ob Geburt, Ehe, Krankheit oder Alter und Religion, nichts läßt er mit seinem Spott unverschont. Ob junge oder ältliche Jungfern in ihren erotischen Phantasien, geplagte Familienväter, reiche und arme Bauern, Künstler, Schneider, Wirte, Priester und Heilige – die ganze muffige Spießergesellschaft des 19. Jahrhunderts wird immer wieder ausgebreitet und mit ebenso spitzer Feder wie treffsicherem Humor in kongenialem Zusammenwirken aufgespießt. Und in diesem Kosmos dürfen natürlich auch die Kinder nicht fehlen. Nicht die lieben, feinen, reinen und unverdorbenen, sondern eben jene wie die beiden unsterblichen Lausbuben „Max und Moritz", die sich auf ihre „grausame" Weise an der so repressiven Erziehungsweise des 19. Jahrhunderts rächen und die schlafmützenbehütete, selbstzufriedene Bürgerruhe gründlich durcheinanderbringen. Wer kennt ihn nicht, den Kehrreim „Dieses war der erste Streich, doch der zweite folgt sogleich", aus diesem Werk, das 1865 vom Münchner Verlag Braun & Schneider für 1000 Gulden angekauft und als Buch herausgebracht wurde? Es wurde Buschs meistverbreitetes Werk und liegt heute in einer Millionenauflage in 185 Übersetzungen vor.

Es ist eine von Buschs genialen Abrechnungen mit der Welt der Spießbürger und ihrer Heuchelei. Golo Mann schrieb dazu: „Wer etwas erfahren will vom Geist des deutschen Bürgertums in der Bismarckzeit, der kann es in manchen Busch-Alben besser als in manchen gesellschaftlichen Traktaten."

Wilhelm Busch wurde am 15. April 1832 im niedersächsischen Wiedensahl als erstes von sieben Kindern geboren: „Mein Vater war Krämer – heiter und arbeitsfroh; meine Mutter, still und fromm, schaffte fleißig in Haus und Garten", beschreibt er liebevoll seine Eltern und gibt hier ein Abbild jener ländlichen Idylle, die ihm später nach seinen künstlerischen Wanderjahren wieder zur Heimat und zum Kraftquell seines Schaffens werden sollte.

Busch soll auf Wunsch des Vaters Maschinenbauer werden. Mit 16 immatrikuliert er sich am Polytechnikum in Hannover. Doch die Welt der Zahlen und Maschinen kann den kreativen jungen Mann, der mit 14 Jahren schon ein erstes Selbstbildnis anfertigte und einen Freund skizzierte, nicht befriedigen. Mit einem kräftigen Schuß Selbstironie zieht er über seine Erfahrungen an der Technischen Hochschule später so Bilanz: „In der reinen Mathematik schwang ich mich bis zur ‚Eins mit Auszeichnung' empor, aber in der angewandten bewegt' ich mich mit immer matterem Flügelschlage."

Busch will Maler werden. Mit 19 Jahren verläßt er die Universität. „Ein Maler wies mir den Weg nach Düsseldorf" (1851). Doch auch hier fühlt er sich nicht so recht heimisch: „Nachdem ich mich schlecht und recht durch den Antikensaal hindurchgetüpfelt hatte", geht er ein Jahr später in die Malschule nach Antwerpen. Dort entdeckt er die Werke von Rubens, Brouwer, Teniers und Franz Hals, die seine ganz große Liebe werden, seine (unerreichten) Vorbilder. In seiner selbstbiographischen Betrachtung „Was mich betrifft" (1886) schreibt Busch dazu: „Gern verzeih' ich's ihnen, daß sie mich zu sehr geduckt haben, als daß ich's je recht gewagt hätte, mein Brot mit Malen zu verdienen, wie manch anderer auch."

Wegen eines Typhusinfekts muß er schon bald das Kunststudium abbrechen. Die Heimat lockt als Quelle der Regeneration. Er kehrt für längere Zeit nach Wiedensahl zurück und besucht von hier aus öfter seinen Onkel Kleine in Lüthorst. Von ihm empfängt er prägende Anregungen zu literarischer Beschäftigung: „Auch mich zog es unwiderstehlich abseits in das Reich der Naturwissenschaften. Ich las Darwin, ich las Schopenhauer damals mit Leidenschaft." Von ihnen erhält er Lehren und Erkenntnisse, die sich in seinem Werk vielfältig niederschlagen.

1854 nimmt er das Malstudium wieder auf – in München. Doch seine künstlerischen Erfolge sind gering: „Indes in der damaligen akademischen Strömung kam mein flämisches Schifflein, das wohl auch schlecht gesteuert war, nicht recht zum Schwimmen", schreibt er. Doch von anderer Seite winkt Erfolg. In München lernt

Busch Kaspar Braun kennen, den Herausgeber der „Fliegenden Blätter". In diesen und dem „Münchener Bilderbogen" veröffentlicht er ab 1859 seine ersten Bildergeschichten. Aber sosehr sich Busch auch in München wohl fühlt – gern erinnert er sich der „angenehmen Zeiten im Künstlerverein" –, zieht es ihn immer wieder in seine Heimat nach Wiedensahl zurück. Er liebt die Stille auf dem Lande, wie er sie beispielsweise u. a. im verhinderten Dichter „Balduin Bählamm" verewigt. Viele seiner Werke sind in der niedersächsischen Idylle entstanden. Nach München, wo er die Maler August von Kaulbach und Franz von Lenbach, den Publizisten Paul Lindau und den Wagner-Dirigenten Hermann Levi kennengelernt hatte, reist er 1881 das letzte Mal. Lieber als die quirlige Großstadt ist ihm die heimatliche Stille. In „Was mich betrifft" sagt Busch von sich: „Für die Gesellschaft ist er nicht genugsam dressiert, um ihre Freuden geziemend zu würdigen und behaglich genießen zu können." Zuweilen ist er ein etwas grämlicher Eigenbrötler und, wie er selbst feststellt, „Sonderling", der für die Gesellschaft „außer der unter vier bis sechs Augen" nicht sonderlich schwärmt. Er, der zeitlebens Junggeselle bleibt, singt in dem Gedicht „Der Einsame" (aus „Zu guter Letzt") dieser Unabhängigkeit ein Loblied: „Wer einsam ist, der hat es gut, weil keiner da, der ihm was tut!"
Heiter-ironisch, lyrisch, bisweilen geradezu versöhnlich, so präsentiert sich der ältere Busch. Neben seinen so erfolgreichen Bildergeschichten wie beispielsweise die „Knopp-Trilogie", „Die fromme Helene", „Fipps der Affe" und „Pater Filucius", die den scharfzüngigen Spötter ausweisen, der dichtend und zeichnend seinen Krieg gegen die verspießerte Gesellschaft führt, hat er

zahlreiche Gedichte geschrieben, die 1874 unter dem Titel „Kritik des Herzens" herauskommen. Doch 1882 folgen neue Bildergeschichten in der bekannten Buschschen Manier: „Plisch und Plum" sowie „Balduin Bählamm", jener Möchte-gern-Dichter, mit dem sich Busch ein selbstparodistisches Denkmal setzt.

Einen philosophisch geläuterten Busch zeigen die beiden ein wenig träumerisch und utopisch wirkenden Erzählungen „Eduards Traum" (1891) und „Der Schmetterling" (1895). Idealisierte Vorstellungen von einer „schönen, neuen Welt", in der jeder gleich wenig tut und gleich viel hat. Doch die Utopie geht nicht auf. Busch, auch hier Skeptiker geblieben, läßt sie wie eine Seifenblase platzen.

Während seiner letzten Lebensjahre – Busch starb am 9. Januar 1908 in Mechtshausen/Harz – sagt er, der rund 1000 Ölbilder gemalt hat, was die wenigsten wissen, der Malerei ade. Er widmet sich nur noch den kleineren Zeichenarbeiten zu seinen Versgeschichten, die unter dem Titel „Hernach" nach seinem Tod erscheinen.

Manche Kritiker haben Busch nachgesagt, er sei mißmutig, ja menschenverachtend gewesen. Doch seine Kritik, seine Spottlust, seine oft übertreibende, es gleichwohl auf den Punkt bringende Komik richten sich nicht gegen den Menschen, sondern stellen die Unzulänglichkeit der menschlichen Natur bloß: Egoismus, Neid, Heuchelei. Der Mensch, hin und her gezerrt zwischen Gut und Böse, Wollen und Können. In dem Gedicht „Leider" liest sich das so: „Aufsteigend mußt du dich bemühen,/Doch ohne Mühe sinkest du./Der liebe Gott muß immer ziehen,/Dem Teufel fällt's von selber zu." Hier ist etwas vom Mitleiden, vom Anteilnehmen zu spüren. Das ist nicht nur schwarzer Pessimismus. Das Lebensbejahende, das heitere Dennoch bei allem schmerzlichen Wissen um die menschliche Unzulänglichkeit, zeichnet viele Verse und Gedichte Buschs gerade seiner späteren Jahre aus. Insbesondere jene, in denen die still-heitere Naturbeobachtung überwiegt. Hier gelangt er zu einer gelasseneren Weltanschauung, zeigt er sich durch die Erfahrungen seines reichen und wechselvollen Lebens gereift und mit ihnen versöhnt.

In seiner selbstbiographischen Skizze „Von mir über mich" stellt er abschließend gelassen fest: „So stehe ich denn tief unten an der Schattenseite des Berges. Aber ich bin nicht grämlich geworden, sondern wohlgemut, halb schmunzelnd, halb gerührt, höre ich das fröhliche Lachen von andererseits her, wo die Jugend im Sonnenschein nachrückt und hoffnungsfreudig nach oben strebt!"

Andreas Pintscher

Januar

1. Januar

Prosit Neujahr (I)

Da steht und kräht er.
Vielleicht gerät er.

   Hernach

2. Januar

Prosit Neujahr (II)

Geld laßt von Herzen allen uns gönnen,
Soviel die Esel nur tragen können.

Hernach

3. Januar

Prosit Neujahr (III)

Das alte Jahr gar schnell entwich.
Es konnte sich kaum gedulden
Und ließ mit Freuden hinter sich
Den dicken Sack voll Schulden.

Hernach

4. Januar

Prosit Neujahr (IV)

Das Schwein
Sei Dein!

> *Hernach*

5. Januar

Zu Neujahr

Will das Glück nach seinem Sinn
Dir was Gutes schenken,
Sage Dank und nimm es hin
Ohne viel Bedenken.

Jede Gabe sei begrüßt,
Doch vor allen Dingen:
Das, worum du dich bemühst,
Möge dir gelingen.

Schein und Sein

6. Januar

Wer im Dorfe oder Stadt
Einen Onkel wohnen hat,
Der sei höflich und bescheiden,
Denn das mag der Onkel leiden. –
Morgens sagt man: „Guten Morgen!
Haben Sie was zu besorgen?"
Bringt ihm, was er haben muß:
Zeitung, Pfeife, Fidibus. –
Oder sei's nach einer Prise,
Daß der Onkel heftig niese,
Ruft man: „Prosit!" allsogleich,
„Danke, wohl bekomm' es Euch!" –
Oder kommt er spät nach Haus,
Zieht man ihm die Stiefel aus,
Holt Pantoffel, Schlafrock, Mütze,
Daß er nicht im Kalten sitze –
Kurz, man ist darauf bedacht,
Was dem Onkel Freude macht. –
(...)

Max und Moritz

7. Januar

„Mein lieber Sohn, du tust mir leid.
Dir mangelt die Enthaltsamkeit.
Enthaltsamkeit ist das Vergnügen
An Sachen, welche wir nicht kriegen.
Drum lebe mäßig, denke klug.
Wer nichts gebraucht, der hat genug!"
(…)

Die Haarbeutel

8. Januar

Wie wohl ist dem, der dann und wann
Sich etwas Schönes dichten kann!

Der Mensch, durchtrieben und gescheit,
Bemerkte schon seit alter Zeit,
Daß ihm hienieden allerlei
Verdrießlich und zuwider sei.

Die Freude flieht auf allen Wegen;
Der Ärger kommt uns gern entgegen.
Gar mancher schleicht betrübt umher;
Sein Knopfloch ist so öd und leer. (...)

Die Sorge, wie man Nahrung findet,
Ist häufig nicht so unbegründet.
Kommt einer dann und fragt: Wie geht's?
Steht man gewöhnlich oder stets
Gewissermaßen peinlich da,
Indem man spricht: Nun, so lala!
Und nur der Heuchler lacht vergnüglich
Und gibt zur Antwort: Ei, vorzüglich!

Im Durchschnitt ist man kummervoll
Und weiß nicht, was man machen soll.
(...)

Balduin Bählamm

9. Januar

O Muse! Reiche mir den Stift, den Faber
In Nürnberg fabrizieren muß!
Noch einmal sattle mir den harten Traber;
Den alten Stecken-Pegasus!

Schnurrdiburr oder Die Bienen

10. Januar

Also lautet ein Beschluß:
Daß der Mensch was lernen muß. –
Nicht allein das Abc
Bringt den Menschen in die Höh;
Nicht allein im Schreiben, Lesen
Übt sich ein vernünftig Wesen;
Nicht allein in Rechnungssachen
Soll der Mensch sich Mühe machen;
Sondern auch der Weisheit Lehren
Muß man mit Vergnügen hören.
(...)

Max und Moritz

11. Januar

Ein galantes Abenteuer

Der Morgen graut. Ich kam per Bahn
Stolz in der Stadt der Welfen an.
Und wie ich wandle, seh' ich walten
Im Morgenscheine fünf Gestalten.
„Seid mir gegrüßt, ihr edlen Frauen,
So wunderlieblich anzuschauen!"
„Wat het he seggt?!" so tönt's im Chor,
Fünf Besen heben sich empor.
Ich stolp're in ein Kehrichtfaß;
Die Besen sind sehr dürr und naß.
Kaum rett' ich mich, schon halb verdroschen,
Mit 25 Silbergroschen.
Das hemmt der Besengarde Lauf. –
Ein Bad nimmt meine Glieder auf.
So geht's! – Bei Damen sollst du fein,
Gar niemals nicht ironisch sein.

Fliegende Blätter

12. Januar

Die beiden Enten und der Frosch

Drei Wochen war der Frosch so krank!
Jetzt raucht er wieder. Gott sei Dank!

Münchener Bilderbogen

13. Januar

Sokrates, der alte Greis,
Sagte oft in tiefen Sorgen:
„Ach, wieviel ist doch verborgen,
Was man immer noch nicht weiß."

Und so ist es. – Doch indessen
Darf man eines nicht vergessen:
Eines weiß man doch hienieden,
Nämlich, wenn man unzufrieden.
(...)

Knopp-Trilogie

14. Januar

Stiftungslied (I)

Reicht den Becher in die Runde!
Freudig preisen wir die Stunde,
Wo wir uns aus fernen Landen
Brüderlich zusammenfanden
Zu dem schönsten Jugendbunde.
Aber Neid, der uns verblieben,
Alter Haß, er sei vertrieben.
Wer da haßt, der haßt vergebens,
Denn die Summe unsres Lebens
sind die Stunden, wo wir lieben.
(...)

Ausgewählte Gedichte

15. Januar

Stiftungslied (II)

Wo wir irren, wo wir fehlen,
Wollen wir uns nicht verhehlen;
Aber heimlich und im Rücken
Der Verleumdung Dolch zu zücken,
Bleibe den gemeinen Seelen.

Was wir denken, was wir streben,
Was wir lieben und erleben,
Sei vereint in diesen Stunden
Doppelt schön von uns empfunden,
Unsre Herzen zu erhöhen.

Dieser Geist, der uns durchdrungen,
Lebe frisch und unbezwungen
Immer fort in diesen Hallen,
Wenn wir längst in Staub zerfallen
Und dies Lied schon längst verklungen.

Ausgewählte Gedichte

16. Januar

Geschmackssache

Dies für den und das für jenen.
Viele Tische sind gedeckt.
Keine Zunge soll verhöhnen,
Was der andern Zunge schmeckt.

Lasse jedem seine Freuden,
Gönn ihm, daß er sich erquickt,
Wenn er sittsam und bescheiden
Auf den eignen Teller blickt.

Wenn jedoch bei deinem Tisch er
Unverschämt dich neckt und stört,
Dann so gib ihm einen Wischer,
Daß er merkt, was sich gehört.

Zu guter Letzt

17. Januar

So und so

Zur Schenke lenkt mit Wohlbehagen
Er jeden Abend seinen Schritt
Und bleibt, bis daß die Lerchen schlagen.
Er singt die letzte Strophe mit.

Dagegen ist es zu beklagen,
Daß er die Kirche nie betritt.
Hier, leider, kann man niemals sagen:
Er singt die letzte Strophe mit.

Schein und Sein

18. Januar

Wanderlust

Die Zeit, sie orgelt emsig weiter,
Sein Liedchen singt dir jeder Tag,
Vermischt mit Tönen, die nicht heiter,
Wo keiner was von hören mag.

Sie klingen fort. Und mit den Jahren
Wird draus ein voller Singverein.
Es ist, um aus der Haut zu fahren.
Du möchtest gern woanders sein.

Nun gut. Du mußt ja doch verreisen.
So fülle denn den Wanderschlauch.
Vielleicht vernimmst du neue Weisen,
Und Hühneraugen kriegst du auch.

Schein und Sein

19. Januar

Sorglos

Selbst mancher Weise
Besieht ein leeres Denkgehäuse
Mit Ernst und Bangen. –
Der Rabe ist ganz unbefangen.

Hernach

20. Januar

Der Hausknecht in dem „Weidenbusch"
Zu Frankfurt an dem Main,
Der war Poet, doch immer kurz,
Denn wenig fiel ihm ein.

Ja, sprach er, Freund, wir leben jetzt
In der Depeschenzeit,
Und Schiller, käm er heut zurück,
Wär auch nicht mehr so breit.

Kritik des Herzens

21. Januar

Mancher gibt sich viele Müh'
Mit dem lieben Federvieh;
Einesteils der Eier wegen,
Welche diese Vögel legen,
Zweitens: weil man dann und wann
Einen Braten essen kann;
Drittens aber nimmt man auch
Ihre Federn zum Gebrauch
In die Kissen und die Pfühle,
Denn man liegt nicht gerne kühle.
(...)

Max und Moritz

22. Januar

Das Gute, dieser Satz steht fest –
Ist stets das Böse, was man läßt!
(...)

Die fromme Helene

23. Januar

Schlußchor

Was mit dieser Welt gemeint,
Scheint mir keine Frage.
Alle sind wir hier vereint
Froh beim Festgelage.
Setzt euch her und schaut euch um,
Voll sind alle Tische;
Keiner ist von uns so dumm,
Daß er nichts erwische. (...)
Stoßet an! Die Wonnekraft
Möge selig walten,
Bis die Zeit uns fortgerafft
Zu dem Chor der Alten!
Bis in süßem Unverstand
Unsre Lippen lallen,
Bis das Auge und die Hand,
Bis wir selber fallen. –
Dann so tragt mich nur beiseit
In die dunkle Kammer,
Auszuruhn in Ewigkeit
Ohne Katzenjammer.

Dideldum

24. Januar

Das Reden tut dem Menschen gut,
Wenn man es nämlich selber tut;
Von Angstprodukten abgesehn,
Denn so etwas bekommt nicht schön.

Die Segelflotte der Gedanken,
Wie fröhlich fährt sie durch die Schranken
Der aufgesperrten Mundesschleuse
Bei gutem Winde auf die Reise
Und steuert auf des Schalles Wellen
Nach den bekannten offnen Stellen
Am Kopfe, in des Ohres Hafen
Der Menschen, die mitunter schlafen.

Vor allen der Politikus
Gönnt sich der Rede Vollgenuß;
Und wenn er von was sagt, so sei's,
Ist man auch sicher, daß er's weiß.
(...)

Maler Klecksel

25. Januar

Der Weise, welcher sitzt und denkt
Und tief sich in sich selbst versenkt,
Um in der Seele Dämmerschein
Sich an der Wahrheit zu erfreun,
Der leert bedenklich seine Flasche,
Hebt seine Dose aus der Tasche,
Nimmt eine Prise, macht habschih!
Und spricht: „Mein Sohn, die Sach ist die:
Eh man auf diese Welt gekommen
Und noch so still vorliebgenommen,
Da hat man noch bei nichts was bei;
Man schwebt herum, ist schuldenfrei,
Hat keine Uhr und keine Eile
Und äußert selten Langeweile.
Allein man nimmt sich nicht in acht,
Und schlupp! ist man zur Welt gebracht.
(...)

Die Haarbeutel

26. Januar

Ein Irrtum, welcher sehr verbreitet
Und manchen Jüngling irreleitet,
Ist der: daß Liebe eine Sache,
Die immer viel Vergnügen mache.
( )

Der heilige Antonius von Padua

27. Januar

Klagelied eines Junggesellen (I)

Mir fehlt etwas, mir ist nicht recht,
Doch wüßt' ich wohl, was ich wohl möcht'.
Ich möchte was und weiß warum,
Das geht mir so im Kopf herum.

Heut' sprangen mir von meiner Hos
Schon wieder mal zwei Knöpfe los;
Da setzt' ich mich und näht' herum
Wohl eine Stund, bis ich ganz krumm;
Bin dann zu Probsten hingerennt.
Zu schlürfen, was man Kaffee nennt.
Da fühlt' ich wieder mal so recht,
Daß mir was fehlt, was ich wohl möcht'.

Ein Gast, ein traurig schmerzensvoller,
Saß ich zu Mittag dann beim Koller.
Die Serviette war beschmutzt,
Die Gabel war nicht abgeputzt,
Kurzum, ich fühlte da so recht,
Daß mir was fehlt, was ich wohl möcht'.
(...)

Ausgewählte Gedichte

28. Januar

Klagelied eines Junggesellen (II)

Und abends in der Dämmerfrist,
Wenn man so ganz alleinig ist,
Da möcht' ich wohl so dann und wann
Etwas zu titscheln-tatscheln ha'n.
Jedoch – da fühle ich so recht,
Daß mir was fehlt, was ich wohl möcht'.

Was soll der Mensch des Abends tun?
Ich denk, zum Kappler geh ich nun;
Da sitz ich so bei meinem Bier
Als wie ein rechtes Murmeltier
Und fühle wieder mal so recht,
Daß mir was fehlt, was ich wohl möcht'.

Nun tönt die Glocke zwölf vom Turm,
Ich muß nach Haus, ich armes Wurm.
Es fällt der Schnee, der Wind geht kühl,
Daß ich's durch Hemd und Hosen fühl',
Und komm' ich endlich dann nach Haus
Und zieh mich zähneklappernd aus
Und steig ins Bett – so fühl ich recht,
Daß mir was fehlt, was ich wohl möcht'.

Ausgewählte Gedichte

29. Januar

Oben und unten

Daß der Kopf die Welt beherrsche,
Wär zu wünschen, wär zu loben.
Längst vor Gründen wär die närr'sche
Gaukelei in Nichts zerstoben.

Aber wurzelhaft natürlich
Herrscht der Magen nebst Genossen,
Und so treibt, was unwillkürlich,
Täglich tausend neue Sprossen.

Zu guter Letzt

30. Januar

Frisch gewagt

Es kamen mal zwei Knaben
An einen breiten Graben.
Der erste sprang hinüber,
Schlankweg je eh'r, je lieber;
War das nicht keck?
Der zweite, fein besonnen,
Eh er das Werk begonnen,
Sprang in den Dreck.

Schein und Sein

31. Januar

Karneval

Auch uns, in Ehren sei's gesagt,
Hat einst der Karneval behagt,
Besonders und zu allermeist
In einer Stadt, die München heißt.
Wie reizend fand man dazumal
Ein menschenwarmes Festlokal,
Wie fleißig wurde über Nacht
Das Glas gefüllt und leergemacht,
Und gingen wir im Schnee nach Haus,
war grad die frühe Messe aus,
Dann konnten gleich die frömmsten Fraun
Sich negativ an uns erbaun.
Die Zeit verging, das Alter kam,
Wir wurden sittsam, wurden zahm.
Nun sehn wir zwar noch ziemlich gern
Die Sach' uns an, doch nur von fern –
Ein Auge zu, Mundwinkel schief –
Durchs umgekehrte Perspektiv.

Karneval

Februar

1. Februar

Es ist ein Brauch von alters her:
Wer Sorgen hat, hat auch Likör!

Die fromme Helene

2. Februar

Die Zeit (I)

So ist nun mal die Zeit allhie,
Erst trägt sie dich,
(...)

3. Februar

Die Zeit (II)

-- Dann trägst du sie;
(...)

4. Februar

Die Zeit (III)

Und wann's vorüber, weißt du nie.

Hernach

5. Februar

Dilemma

Das glaube mir, so sagte er,
Die Welt ist mir zuwider,
Und wenn die Grübelei nicht wär,
So schöß ich mich darnieder.

Was aber wird nach diesem Knall
Sich späterhin begeben?
Warum ist mir mein Todesfall
So eklig wie mein Leben?

Mir wäre doch, potzsapperlot,
Der ganze Spaß verdorben,
Wenn man am Ende gar nicht tot,
Nachdem daß man gestorben.

Dideldum

6. Februar

Der Architekt ist hochverehrlich,
(Obschon die Kosten oft beschwerlich),
Weil er uns unsre Erdenkruste,
Die alte rauhe und berußte,
Mit saubern Baulichkeiten schmückt,
Mit Türmen und Kasernen spickt.
(...)

Maler Klecksel

7. Februar

Pegasus, du alter Renner,
Trag mich mal nach Afrika,
Alldieweil so schwarze Männer
Und so bunte Vögel da.

Kleider sind da wenig Sitte;
Höchstens trägt man einen Hut,
Auch wohl einen Schurz der Mitte;
Man ist schwarz und damit gut. –

Dann ist freilich jeder bange,
Selbst der Affengreis entfleucht,
Wenn die lange Brillenschlange
Zischend von der Palme kreucht.

Krokodile weinen Tränen,
Geier sehen kreischend zu;
Sehr gemein sind die Hyänen;
Schäbig ist der Marabu.

Nur die Affen, voller Schnacken,
Haben Vor- und Hinterhand;
Emsig mümmeln ihre Backen;
Gerne hockt man beieinand.
(...)

Fipps der Affe

8. Februar

Rotwein ist für alte Knaben
Eine von den besten Gaben.
(...)

Knopp-Trilogie

9. Februar

Zwei Stammbuchverse (I)

Wo du bist und wo ich sei,
Ferneweg und nahebei –
Überall und auch indessen
Werd' ich deiner nicht vergessen.

Dein gedenk' ich, still erfreut,
Selbsten in der Einsamkeit –
Ja, im dicksten Publikum
Schwebt mein Geist um dich herum.

Fliegende Blätter

10. Februar

Zwei Stammbuchverse (II)

Wenn man sich einander kennet
Und sich Freund und Freundin nennet,
Reißt des Schicksals Donnerwort
Uns aus unsern Armen fort.

Doch, obschon dies zu beklagen,
Muß man nicht sogleich verzagen,
Denn der Freundschaft lange Hand
Reicht bis durch den Zollverband.

Fliegende Blätter

11. Februar

Ach, ja, ja! – so seufz' ich immer –;
Denn die Zeit wird schlimm und schlimmer.
Oder kann in unsern Tagen
Einer wagen, nein! zu sagen,
Der mit kindlichem Gemüt
Morgens in die Zeitung sieht?
Hier Romane, dort Gedichte,
Malzextrakt und Kursberichte,
Näh- und Mäh- und Waschmaschinen,
Klauenseuche und Trichinen – –
Dieses druckt man groß und breit –
Aber wo ist Frömmigkeit???
(...)

Der heilige Antonius von Padua

12. Februar

Wir Kinder der Vergangenheit

Wer eine Erbschaft übernommen,
Hat für die Schulden aufzukommen,
Denn nicht umsonst ist der Genuß.

Kein Leugnen gilt, kein Widerstreben,
Wir müssen sterben, weil wir leben.
So lautet der Gerichtsbeschluß.

Ausgewählte Gedichte

13. Februar

Widmung zu einem Kochbuch (I)

Es wird behauptet, und mit Grund,
Ein nützlich Werkzeug sei der Mund!
Zum ersten läßt das Ding sich dehnen
Wie Guttapercha, um zu gähnen.
Ach, Grete, wenn du dieses mußt,
Tu es im stillen und mit Lust!
Zum zweiten, wenn es grad vonnöten,
Kann man ihn spitzen, um zu flöten.
Sitzt dann der Schatz auch mal allein,
Dies wird ihm Unterhaltung sein!
Zum dritten läßt der Mund sich brauchen,
Wenn's irgend passend, um zu rauchen.
Dies kannst du deinem guten Gatten,
Der darum bittet, wohl gestatten.
Zum vierten ist es kein Verbrechen,
Den Mund zu öffnen, um zu sprechen.
Vermeide nur Gemütserregung,
Sprich lieber sanft mit Überlegung,
Denn mancher hat sich schon oft beklagt:
„Ach, hätt' ich das doch nicht gesagt!"
(...)

Ausgewählte Gedichte

14. Februar

Widmung zu einem Kochbuch (II)

Zum fünften, wie wir alle wissen,
So eignet sich der Mund zum Küssen.
Sei's offen oder sei's verhohlen,
Gegeben oder nur gestohlen,
Ausdrücklich oder nebenher,
Beim Scheiden oder Wiederkehr,
In Frieden und nach Kriegeszeiten:
Ein Kuß hat seine guten Seiten!
Zum Schluß jedoch, nicht zu vergessen:
Hauptsächlich dient der Mund zum Essen!
Gar lieblich dringen aus der Küche
Bis an das Herz die Wohlgerüche.
Hier kann die Zunge fein und scharf
Sich nützlich machen, und sie darf!
Hier durch Gebrötel und Gebrittel
Bereitet man die Zaubermittel
In Töpfen, Pfannen oder Kesseln,
Um ewig den Gemahl zu fesseln.
Von hier aus herrscht mit schlauem Sinn
Die Haus- und Herzenskönigin. –
Lieb's Gretchen! Halt dich wohlgemut,
Regiere mild – und koche gut!

Ausgewählte Gedichte

15. Februar

Eule und Star

Guten Tag, Frau Eule!
Habt Ihr Langeweile?
Ja, eben jetzt,
Solang Ihr schwätzt!

Hernach

16. Februar

Mein Freund an einem Sonntagmorgen,
Tät sich ein hübsches Rößlein borgen.
Mit frischem Hemd und frischem Mute,
In blanken Stiefeln, blankem Hute,
Die Haltung stramm und stramm die Hose,
Am Busen eine junge Rose,
So reitet er durch die Alleen,
Wie ein Adonis anzusehen.

Die Reiter machen viel Vergnügen,
Wenn sie ihr stolzes Roß bestiegen.

Nun kommt da unter sanftem Knarren
Ein milchbeladner Eselskarren.
Das Rößlein, welches sehr erschrocken,
Fängt an zu trappeln und zu bocken,
Und hopp, das war ein Satz, ein weiter!
Dort rennt das Roß, hier liegt der Reiter,
Entfernt von seinem hohen Sitze,
Platt auf dem Bauche in der Pfütze.

Die Reiter machen viel Vergnügen,
Besonders, wenn sie drunten liegen.

Kritik des Herzens

17. Februar

Unbequem

Ernst und dringend folgt mir eine
Mahnung nach auf Schritt und Tritt:
Sorge nicht nur für das Deine,
Sondern für das andre mit.

Demnach soll ich unterlassen,
Was mir von Natur bequem,
Um das Gute zu erfassen?
Ei, das ist mal unbequem.

Schein und Sein

18. Februar

Höchste Instanz

Was er liebt, ist keinem fraglich;
Triumphierend und behaglich
Nimmt es seine Seele ein
Und befiehlt: So soll es sein.

Suche nie, wo dies geschehen,
Widersprechend vorzugehen,
Sintemalen im Gemüt
Schon die höchste Macht entschied.

Ungestört in ihren Lauben
Laß die Liebe, laß den Glauben,
Der, wenn man es recht ermißt,
Auch nur lauter Liebe ist.

Zu guter Letzt

19. Februar

Greulich

Er hatte, was sich nicht gehört,
Drei Bräute an der Zahl
Und nahm, nachdem er sie betört,
'ne vierte zum Gemahl.

Allein, es war ein kurzes Glück.
Kaum waren sie getraut,
So hat der Hund auch diesen Strick
Schon wieder abgekaut.

Schein und Sein

20. Februar

Den Abiturienten

Wohl ehedem, da trank des Weines
Auch ich mein Teil, und zwar kein kleines.
Nun aber muß ich mich bequemen,
Das Ding mehr objektiv zu nehmen,
Um, still verborgen hinterm Zaun,
Wenn andre trinken zuzuschau'n.
Und wahrlich! Wenn man fünfundfünfzig,
Dann ist es Zeit, daß die Vernunft sich
Vernehmen läßt und leise spricht:
Hör, Alter! Das bekömmt dir nicht!
Auch spürt man, daß man gar nicht mehr
So liebenswürdig wie vorher.
Da ich denn also fürderhin
Zur Zierde nicht zu brauchen bin,
Und wäre nur wie dürres Reisig
Im frischen Kranz der fünfunddreißig,
Und weil mein Saitenspiel schon staubig,
So seh' ich, fühl' ich, denk' ich, glaub' ich,
Es ist für mich das weitaus Beste,
Ich bleib' von diesem Jubelfeste,
Von Faß und Spaß und Glas und Naß
Zu Haus mit meinem Brummelbaß!

Ausgewählte Gedichte

21. Februar

Stammbuchverse (I)

Es ist halt schön,

Wenn wir die Freunde kommen sehn. –
Schön ist es ferner, wenn sie bleiben
Und sich mit uns die Zeit vertreiben. –
Doch wenn sie schließlich wieder gehn,

Ist's auch recht schön. –

Ausgewählte Gedichte

22. Februar

Stammbuchverse (II)

Bau nicht zu sehr auf Worte stolz,
Selbst von den nett'sten Kerlen;
Versprechen klingt wie Eichenholz,
Das Halten ist von Erlen.

Ausgewählte Gedichte

23. Februar

Gruß an München

Es geht nicht alles nach Belieben. –
Das hat mal wieder wer erfahren,
Den man vor fünfundsiebzig Jahren
Im Kirchenbuche eingeschrieben.

Heut ist er nämlich nicht zugegen,
Und leider weiß er auch weswegen:
Seitdem er alt und kalt geworden,
G'hört er zum Stubenhockerorden. (...)

Zum Glück besitzt er einen kühnen,
Sehr flinken Kerl, ihn zu bedienen,
Der sich schlechthin Gedanke nennt
Und schneller als 'ne Wachtel rennt. –

Wohlan, so mach dich auf die Füße
Und trag die allerschönsten Grüße
Nach München, der berühmten Stadt,
Die mir so gut gefallen hat.

Daß ich seit längst vergang'nen Tagen
Bis heute noch mit Wohlbehagen
Und sicher bis zum Lebensschluß
Getreu an sie gedenken muß.

Ausgewählte Gedichte

24. Februar

Im Ameisenhaufen wimmelt es,
Der Aff' frißt nie Verschimmeltes.

Naturgeschichtliches Alphabet

25. Februar

Die Biene ist ein fleißig Tier,
Dem Bären kommt das g'spaßig für.

Naturgeschichtliches Alphabet

26. Februar

Summa summarum

Sag, wie wär es, alter Schragen,
Wenn du mal die Brille putzest,
Um ein wenig nachzuschlagen,
Wie du deine Zeit benutztest.

Oft wohl hätten dich so gerne
Weiche Arme warm gebettet;
Doch du standest kühl von ferne,
Unbewegt wie angekettet.

Oft wohl kam's, daß du die schöne
Zeit vergrimmtest und vergrolltest,
Nur weil diese oder jene
Nicht gewollt, so wie du wolltest.

Demnach hast du dich vergebens
Meistenteils herumgetrieben;
Denn die Summe unsres Lebens
Sind die Stunden, wo wir lieben.

Dideldum

27. Februar

Der Plastiker, der uns ergötzt,
Weil er die großen Männer setzt,
Grauschwärzlich, grünlich oder weißlich,
Schon darum ist er löb- und preislich,
Daß jeder, der z. B. fremd,
Soeben erst vom Bahnhof kömmt,
In der ihm unbekannten Stadt
Gleich den bekannten Schiller hat.
(...)

Maler Klecksel

28. Februar

Zu Bremen lebt gewandt und still
Als ein Friseur der Meister Krüll,
Und jedermann in dieser Stadt,
Wer Haare und wer keine hat,
Geht gern zu Meister Krüll ins Haus
Und kommt als netter Mensch heraus.
(...)

Fipps der Affe

29. Februar

Wer liefert uns die Genresachen,
So rührend oder auch zum Lachen?
Wer schuf die grünen Landschaftsbilder,
Die Wirtshaus- und die Wappenschilder?
Wer hat die Reihe deiner Väter
Seit tausend Jahren oder später
So meisterlich in Öl gesetzt?
Wer wird von allen hochgeschätzt?
Der Farbenkünstler! Und mit Grund!
Er macht uns diese Welt so bunt.
(...)

Maler Klecksel

März

1. März

Zu zweit

Frau Urschel teilte Freud und Leid
Mit ihrer lieben Kuh;
Sie lebten in Herzeinigkeit
Ganz wie auf du und du.

Wie war der Winter doch so lang,
Wie knapp war da das Heu;
Frau Urschel rief und seufzte bang:
O komm, du schöner Mai!

Komm schnell und lindre unsre Not,
Der du die Krippe füllst;
Wenn ich und meine Kuh erst tot,
Dann komme, wann du willst.

Zu guter Letzt

2. März

Der alte Junge ist gottlob
Noch immer äußerst rührig;
Er läßt nicht nach, er tut als ob,
Wenn schon die Sache schwierig.

Wie wonnig trägt er Bart und Haar,
Wie blinkt der enge Stiefel.
Und bei den Damen ist er gar
Ein rechter böser Schliefel.

Beschließt er dann des Tages Lauf,
So darf er sich verpusten,
Setzt seine Zipfelkappe auf
Und muß ganz schrecklich husten.

Kritik des Herzens

3. März

Gerne wollt ihr Gutes gönnen
Unserm Goethe, unserm Schiller,
Nur nicht Meier oder Müller,
Die noch selber lieben können.

Denn durch eure Männerleiber,
Geht ein Konkurrenzgetriebe,
Sei es Ehre, sei es Liebe;
Doch dahinter stecken Weiber.

Kritik des Herzens

4. März

Wo kriegten wir die Kinder her,
Wenn Meister Klapperstorch nicht wär?
(...)

Die fromme Helene

5. März

Erneuerung

Die Mutter plagte ein Gedanke.
Sie kramt im alten Kleiderschranke,
Wo kurz und lang, obschon gedrängt,
Doch friedlich beieinander hängt.
Auf einmal ruft sie: Ei, sieh da,
Der Schwalbenschwanz, da ist er ja!
Den blauen, längst nicht mehr benützten,
Den hinten zweifach zugespitzten,
Mit blanken Knöpfen schön geschmückt,
Der einst so manches Herz berückt,
Ihn trägt sie klug und überlegt
Dahin, wo sie zu schneidern pflegt
Und trennt und wendet, näht und mißt,
Bis daß das Werk vollendet ist.
Auf die Art aus des Vaters Fracke
Kriegt Fritzchen eine neue Jacke.
Grad so behilft sich der Poet.
Du liebe Zeit, was soll er machen?
Gebraucht sind die Gedankensachen
Schon alle, seit die Welt besteht.

Zu guter Letzt

6. März

Die Ceder ist ein hoher Baum,
Oft schmeckt man die Citrone kaum.

Naturgeschichtliches Alphabet

7. März

Das wilde Dromedar man koppelt,
Der Dogge wächst die Nase doppelt.

Naturgeschichtliches Alphabet

8. März

Noch zwei?

Durch das Feld ging die Familie,
Als mit glückbegabter Hand
Sanft errötend Frau Ottilie
Eine Doppelähre fand.

Was die alte Sage kündet,
Hat sich öfters schon bewährt:
Dem, der solche Ähren findet,
Wird ein Doppelglück beschert.

Vater Franz blickt scheu zur Seite.
Zwei zu fünf, das wäre viel.
Kinder, sprach er, aber heute
ist es ungewöhnlich schwül.

Zu guter Letzt

9. März

Hat man nun das Mittagessen
Nicht zu knappe zugemessen,
Und, gesetzt den Fall, es wären
von den Bohnen oder Möhren,
Oder, meinetwegen, Rüben
Ziemlich viel zurückgeblieben,
Dann so ist das allerbeste,
Daß man diese guten Reste
Aufbewahrt in einem Hafen,
Wo die guten Eltern schlafen,
Weil man, wenn der Abend naht,
Dann sogleich was Warmes hat.
(...)

Knopp-Trilogie

10. März

Es geht der Krieger, der gerechte,
Mit frohem Mute zum Gefechte.
Indessen ist es ihm doch lieber,
Wenn alles erst mal gut vorüber.

Ausgewählte Gedichte

11. März

Der Nöckergreis (I)

Warum ist niemand weit und breit
Im vollen Besitz der Behaglichkeit?
Das kommt davon, es ist hienieden
Zu vieles viel zu viel verschieden.
Der eine fährt Mist, der andre spazieren;
Das kann ja zu nichts Gutem führen,
Das führt, wie man sich sagen muß,
Vielmehr zu mehr und mehr Verdruß.
Und selbst, wer es auch redlich meint,
Erwirbt sich selten einen Freund.
Wer liebt, zum Beispiel, auf dieser Erde
Ich will mal sagen, die Steuerbehörde?
Sagt sie, besteuern wir das Bier,
So macht's den Christen kein Pläsier.
Erwägt sie dagegen die Steuerkraft
Der Börse, so trauert die Judenschaft.
Und alle beide, Jud' wie Christ,
Sind grämlich, daß diese Welt so ist.
(...)

Ausgewählte Gedichte

12. März

Der Nöckergreis (II)

(...)
Doch lassen wir die Späß,
Denn sowas ist nicht sachgemäß.
Ich sage bloß, die Welt ist böse.
Was soll, zum Beispiel, das Getöse,
Was jetzt so manche Menschen machen
Mit Knallbonbons und solchen Sachen?
Man wird ja schließlich ganz vertattert,
Wenn's immer überall so knattert.
Das sollte man wirklich solchen Leuten
Mal ernstlich verbieten, und zwar beizeiten,
Sonst sprengen uns diese Schwerenöter
Noch kurz und klein bis hoch in den Äther,
Und so als Pulver herumzufliegen,
Das ist grad auch kein Sonntagsvergnügen.
Wie oft schon sagt ich: Man hüte sich.
Was hilft's? Man hört ja nicht auf mich.
Ein jeder Narr tut, was er will,
Na, meinetwegen! Ich schweige still!
(...)

Ausgewählte Gedichte

13. März

Prosaischer Kauz

Der holde Mond erhebt sich leise.
Ein alter Kauz denkt nur an Mäuse.

Hernach

14. März

Ich habe von einem Vater gelesen:
Die Tochter ist beim Theater gewesen.
Ein Schurke hat ihm das Mädchen verdorben,
So daß es im Wochenbette gestorben.
Das nahm der Vater sich tief zu Gemüte.
Und als er den Schurken zu fassen kriegte,
Verzieh er ihm nobel die ganze Geschichte.
Ich weine ob solcher Güte.

Kritik des Herzens

15. März

Gut und böse

Tugend will, man soll sie holen,
Ungern ist sie gegenwärtig;
Laster ist auch unbefohlen
Dienstbereit und fix und fertig.

Gute Tiere, spricht der Weise,
Mußt du züchten, mußt du kaufen;
Doch die Ratten und die Mäuse
Kommen ganz von selbst gelaufen.

Zu guter Letzt

16. März

Tröstlich

Nachbar Nickel ist verdrießlich,
Und er darf sich wohl beklagen,
Weil ihm seine Pläne schließlich
Alle gänzlich fehlgeschlagen.

Unsre Ziege starb heut morgen.
Geh und sag's ihm, lieber Knabe!
Daß er nach so vielen Sorgen
Auch mal eine Freude habe.

Zu guter Letzt

17. März

Es saßen einstens beieinand
Zwei Knaben, Fritz und Ferdinand.
Da sprach der Fritz: Nun gib mal acht,
Was ich geträumt vergangne Nacht.
Ich stieg in einen schönen Wagen,
Der Wagen war mit Gold beschlagen.
Zwei Englein spannten sich davor,
Die zogen mich zum Himmelstor.
Gleich kamst du auch und wolltest mit
Und sprangest auf den Kutschentritt,
Jedoch ein Teufel, schwarz und groß,
Der nahm dich hinten bei der Hos
Und hat dich in die Höll getragen.
Es war sehr lustig, muß ich sagen. –
So hübsch nun dieses Traumgesicht,
Dem Ferdinand gefiel es nicht.
Schlapp! Schlug er Fritzen an das Ohr,
Daß er die Zippelmütz verlor.
Der Fritz, der dies verdrießlich fand,
Haut wiederum den Ferdinand;
Und jetzt entsteht ein Handgemenge,
Sehr schmerzlich und von großer Länge. –
So geht durch wesenlose Träume
Gar oft die Freundschaft aus dem Leime.

Kritik des Herzens

18. März

Der klugen Leute Ungeschick
Stimmt uns besonders heiter;
Man fühlt doch für den Augenblick
Sich auch einmal gescheiter.

Reime und Sprüche

19. März

Der Maulwurf

(...)
Musik wird oft nicht schön gefunden,
Weil sie stets mit Geräusch verbunden.
(...)

Dideldum

20. März

Ein Ständchen in der Frühlingsnacht
Ist leicht gebracht.
Nur ist es fraglich, ob's gelingt,
Daß es zu Röschens Herzen dringt.

Hernach

21. März

Als ich so von ungefähr
Durch den Wald spazierte,
Kam ein bunter Vogel, der
Pfiff und quinquilierte.

Was der bunte Vogel pfiff,
Fühle und begreif' ich:
Liebe ist der Inbegriff,
Auf das andre pfeif' ich.

Die fromme Helene

22. März

Gestört (I)

Um acht, als seine werte Sippe
Noch in den Federn schlummernd lag,
Begrüßt er von der Felsenklippe
Bereits den neuen Frühlingstag.

Und wie die angenehme Sonne
Liebreich zu ihm herniederschaut,
Da ist in süßer Rieselwonne
Sein ganzes Leben aufgebaut.

Es schmilzt die schwere Außenhülle.
Ihm wird so wohl, ihm wird so leicht.
Er schwebt im Geist als freier Wille
Hinaus, soweit das Auge reicht.
(...)

Zu guter Letzt

23. März

Gestört (II)

Fort über Tal, zu fernen Hügeln,
Den Strom entlang, bis an das Meer,
Windeilig, wie auf Möwenflügeln,
Zieht er in hoher Luft einher.

Hier traf er eine Wetterwolke,
Die wählt er sich als Herrschersitz.
Erhaben über allem Volke
Thront er in Regen, Sturm und Blitz.

O weh, der Zauber ist zu Ende.
Durchweicht vom Hut bis in die Schuh,
Der Buckel lahm und steif die Lende,
So schleicht er still der Heimat zu.

Zum Trost für seine kalten Glieder
Empfängt ihn gleich ein warmer Gruß.
Na, hieß es, jetzt bekommst du wieder
Dein Reißen in den Hinterfuß.

Zu guter Letzt

24. März

In freier Luft, in frischem Grün,
Da, wo die bunten Blumen blüh'n,
In Wiesen, Wäldern, auf der Heide,
Entfernt von jedem Wohngebäude,
Auf rein botanischem Gebiet
Weilt jeder gern, der voll Gemüt.
(...)

Balduin Bählamm

25. März

O wie lieblich, o wie schicklich,
Sozusagen herzerquicklich,
Ist es doch für eine Gegend,
Wenn zwei Leute, die vermögend,
Außerdem mit sich zufrieden,
Aber von Geschlecht verschieden,
Wenn nun diese, sag ich, ihre
Dazu nötigen Papiere,
Sowie auch die Haushaltssachen
Endlich mal in Ordnung machen
Und in Ehren und beizeiten
Hin zum Standesamte schreiten,
Wie es denen, welche lieben,
Vom Gesetze vorgeschrieben;
Dann ruft jeder freudiglich:
„Gott sei Dank, sie haben sich!"
(...)

Knopp-Trilogie

26. März

*Trauriges Resultat einer
vernachlässigten Erziehung*

Ach, wie kommt uns oft zu Ohren,
Daß ein Mensch was Böses tat,
Was man sehr begreiflich findet,
Wenn man etwas Bildung hat.

Manche Eltern sieht man lesen
In der Zeitung früh bis spät;
Aber was will das bedeuten,
Wenn man nicht zur Kirche geht?

Denn man braucht nur zu bemerken,
Wie ein solches Ehepaar
Oft sein eignes Kind erziehet.
Ach, das ist ja schauderbar!
(...)

Fliegende Blätter

27. März

So wird oft die schönste Stunde
In der Liebe Seelenbunde
Durch Herbeikunft eines Dritten
Mitten durch- und abgeschnitten;
Und im Innern wehmutsvoll
Tönt ein dumpfes: Kolleroll.

Fipps der Affe

28. März

Modern

Hinweg mit diesen alten Herrn,
Sie sind zu nichts mehr nütz!
So rufen sie und nähmen gern
Das Erbe in Besitz.

Wie andre Erben, die in Not,
Vergeblich warten sie.
Der alte reiche Hoffetot,
Der stirbt bekanntlich nie.

Schein und Sein

29. März

Nörgeln

Nörgeln ist das Allerschlimmste,
Keiner ist davon erbaut;
Keiner fährt, und wär's der Dümmste,
Gern aus seiner werten Haut.

Schein und Sein

30. März

Gedrungen

Schnell wachsende Keime
Welken geschwinde;
Zu lange Bäume
Brechen im Winde.

Schätz nach der Länge
Nicht das Entsprungne!
Fest im Gedränge
Steht das Gedrungne.

Schein und Sein

31. März

So war's

Der Teetopf war so wunderschön,
Sie liebt ihn wie ihr Leben.
Sie hat ihm leider aus Versehn
Den Todesstoß gegeben.

Was sie für Kummer da empfand,
Nie wird sie es vergessen.
Sie hielt die Scherben aneinand
Und sprach: So hat's gesessen!

Schein und Sein

April

1. April

Der Bauer sprach zu seinem Jungen:
Heut in der Stadt, da wirst du gaffen.
Wir fahren hin und seh'n die Affen.
Es ist gelungen
Und um sich schief zu lachen,
Was die für Streiche machen
Und für Gesichter
Wie rechte Bösewichter.
Sie krauen sich,
Sie zausen sich,
Sie hauen sich,
Sie lausen sich,
Beschnuppern dies, beschnuppern das,
Und keiner gönnt dem andern was,
Und essen tun sie mit der Hand,
Und alles tun sie mit Verstand,
Und jeder stiehlt als wie ein Rabe.
Paß auf, das siehst du heute.
O Vater, rief der Knabe,
Sind Affen denn auch Leute?
Der Vater sprach: Nun ja,
Nicht ganz, doch so beinah.

Zu guter Letzt

2. April

Ich bin Papa (I)

Mitunter schwitzen muß der Schreiner
Er stößt auf manchen harten Ast.
So geht es auch, wenn unsereiner
Sich mit der Grübelei befaßt.
Zum Glück hat meine gute Frau,
Die liebevoll an alles denkt,
Mir einen kleinen Fritz geschenkt,
Denn oft erfreut mich dieser Knabe
Durch seinen kindlichen Radau,
Wenn ich so meine Schrullen habe.
Heut mittag gab es wieder mal
Mein Leibgericht, gespickten Aal,
Und wie ich dann zur Körperpflege,
Die Weste auf, die Augen zu,
Die Hände friedlich auf dem Magen
Im Polsterstuhl mich niederlege,
O weh, ein Schwarm von dummen Fragen
Verscheucht die heißersehnte Ruh.
Ach, wird es mir denn niemals klar,
Wo ich gewesen, eh ich war?
Schwamm ich, zerkrümelt in Atome,
Gedankenlos im Wirbelstrome,
Bis ich am Ende mich verdichtet
Zu einer denkenden Person?
(...)

Schein und Sein

3. April

Ich bin Papa (II)

Und jetzt, was hab ich ausgerichtet?
Was war der Mühe karger Lohn?
Das Geld ist rar, die Kurse sinken,
Dagegen steigt der Preis der Schinken.
Fast jeden Morgen klagt die Mutter:
Ach, Herr, wie teuer ist die Butter!
Ja, selbst der Vater wird gerührt,
Wenn er sein kleines Brötchen schmiert.
Und doch, trotz dieser Seelenleiden,
Will keiner gern von hinnen scheiden.
Wer weiß?

Ei sieh, wer kommt denn da?
Hallo, der Fritz! Nun wird es heiter,
Nun machen wir den Eselreiter.
Flugs stell ich mich auf alle viere,
Indem ich auf und ab marschiere,
Und rufe kräftig mein Ih-ah!
Vor Wöhligkeit und Übermut.
Ih-ah! Die Welt ist nicht so übel.
Wozu das närrische Gegrübel?
Ich bin Papa, und damit gut.

Schein und Sein

4. April

Eins aber war von Franz nicht schön:
Man sah ihn oft bei Hannchen stehn!
Doch jeder Jüngling hat wohl mal
'n Hang fürs Küchenpersonal.

Die fromme Helene

5. April

Liebesglut

Sie liebt mich nicht. Nun brennt mein Herz
Ganz lichterloh vor Liebesschmerz,
Vor Liebesschmerz ganz lichterloh
Als wie gedörrtes Haferstroh.
Und von dem Feuer steigt der Rauch
Mir unaufhaltsam in das Aug',
Daß ich vor Schmerz und vor Verdruß
Viel tausend Tränen weinen muß.
Ach Gott! Nicht lang' ertrag ich's mehr! –
Reicht mir doch Feuerkübel her!
Die füll' ich bald mit Tränen an,
Daß ich das Feuer löschen kann.
Seitdem du mich so stolz verschmäht,
Härmt ich mich ab von früh bis spät,
So daß mein Herz bei Nacht und Tag
Als wie auf heißen Kohlen lag.
Und war es dir nicht heiß genug,
Das Herz, das ich im Busen trug,
So nimm es denn zu dieser Frist,
Wenn dir's gebacken lieber ist!

Fliegende Blätter

6. April

Der Esel ist ein dummes Tier,
Der Elefant kann nichts dafür.

Naturgeschichtliches Alphabet

7. April

Im Süden fern die Feige reift,
Der Falk am Finken sich vergreift.

Naturgeschichtliches Alphabet

8. April

Wankelmut

Was bin ich alter Bösewicht
So wankelig von Sinne.
Ein leeres Glas gefällt mir nicht,
Ich will, daß was darinne.

Das ist mir so ein dürr Geklirr;
He, Kellnerin, erscheine!
Laß dieses öde Trinkgeschirr
Befeuchtet sein von Weine!

Nur will mir aber dieses auch
Nur kurze Zeit gefallen;
Hinunter muß es durch den Schlauch
Zur dunklen Tiefe wallen. –

So schwank ich ohne Unterlaß
Hinwieder zwischen beiden.
Ein volles Glas, ein leeres Glas
Mag ich nicht lange leiden.
(...)

Dideldum

9. April

Wenn wer sich wo als Lump erwiesen,
So bringt man in der Regel diesen
Zum Zweck moralischer Erhebung
In eine andere Umgebung.
Der Ort ist gut, die Lage neu,
Der alte Lump ist auch dabei. –
(...)

Maler Klecksel

10. April

Wer vielleicht zur guten Tat
Keine rechte Neigung hat,
Dem wird Fasten und Kastein
Immerhin erfrischend sein. –
(...)

Fipps der Affe

11. April

Beneidenswert

Sahst du noch nie die ungemeine
Und hohe Kunstgelenkigkeit,
Sowohl der Flügel wie der Beine
Im Tierbereich mit stillem Neid?

Sieh nur, wie aus dem Felsgeklüfte
Auf seinen Schwingen wunderbar
Bis zu den Wolken durch die Lüfte
In stolzen Kreisen schwebt der Aar.

Sieh nur das Tierchen, das geringe,
Das zu benennen sich nicht ziemt,
Es ist durch seine Meistersprünge,
Wenn nicht beliebt, so doch berühmt.

Leicht zu erlegen diese beiden,
Das schlag dir lieber aus dem Sinn.
Wer es versucht, der wird bescheiden,
Sei's Jäger oder Jägerin.

Schein und Sein

12. April

Zwischen diesen zwei gescheiten
Mädchen, Anna und Dorette,
Ist zu allen Tageszeiten
Doch ein ewiges Gekrette,

Noch dazu um Kleinigkeiten –
Gestern gingen sie zu Bette,
Und sie fingen an zu streiten,
Wer die dicksten Waden hätte.

Kritik des Herzens

13. April

Ärgerlich

Aus der Mühle schaut der Müller,
Der so gerne mahlen will.
Stiller wird der Wind und stiller,
Und die Mühle stehet still.

So geht's immer, wie ich finde,
Rief der Müller voller Zorn.
Hat man Korn, so fehlt's am Winde,
Hat man Wind, so fehlt das Korn.

Schein und Sein

14. April

Spatz und Schwalben

Es grünte allenthalben.
Der Frühling wurde wach.
Bald flogen auch die Schwalben
Hell zwitschernd um das Dach.

Sie sangen unermüdlich
Und bauten außerdem
Am Giebel rund und niedlich
Ihr Nest aus frischem Lehm.

Und als sie eine Woche
Sich redlich abgequält,
Hat nur am Eingangsloche
Ein Stückchen noch gefehlt.

Da nahm der Spatz, der Schlingel,
Die Wohnung in Besitz.
Jetzt hängt ein Strohgeklüngel
Hervor aus ihrem Schlitz.

Nicht schön ist dies Gebaren
Und wenig ehrenwert
von einem, der seit Jahren
Mit Menschen viel verkehrt.

Zu guter Letzt

15. April

Osterhas

Es ist das Osterfest alljährlich
Doch für den Hasen recht beschwerlich.

Hernach

16. April

Vertraut

Wie liegt die Welt so frisch und tauig
Vor mir im Morgensonnenschein.
Entzückt vom hohen Himmel schau ich
Ins frühlingsgrüne Tal hinein.

Mit allen Kreaturen bin ich
In schönster Seelenharmonie.
Wir sind verwandt, ich fühl es innig,
Und eben darum lieb ich sie.

Und wird auch mal der Himmel grauer;
Wer voll Vertraun die Welt besieht,
Den freut es, wenn ein Regenschauer
Mit Sturm und Blitz vorüberzieht.

Schein und Sein

17. April

Immerhin

Mein Herz, sei nicht beklommen,
Noch wird die Welt nicht alt.
Der Frühling ist wiedergekommen,
Frisch grünt der deutsche Wald.
(...)

Hier lieg ich im weichen Moose
Unter dem rauschenden Baum,
Die Zeit die wesenlose,
Verschwindet wie ein Traum.

Von kühlen Schatten umdämmert,
Versink ich in selige Ruh;
Ein Specht, der lustig hämmert,
Nickt mir vertraulich zu.

Mir ist, als ob er riefe:
Heija, mein guter Gesell,
Für ewig aus dunkler Tiefe
Sprudelt der Lebensquell.

Schein und Sein

18. April

Der Philosoph (I)

Ein Philosoph von ernster Art,
Der sprach und strich sich seinen Bart:
Ich lache nie. Ich lieb es nicht,
Mein ehrenwertes Angesicht
Durch Zähnefletschen zu entstellen
Und närrisch wie ein Hund zu bellen;
Ich lieb es nicht, durch ein Gemecker
Zu zeigen, daß ich Witzentdecker;
Ich brauche nicht durch Wertvergleichen
Mit andern mich herauszustreichen,
Um zu ermessen, was ich bin,
Denn dieses weiß ich ohnehin.
Das Lachen will ich überlassen
Den minder hochbegabten Klassen.
Ist einer ohne Selbstvertraun
In Gegenwart von schönen Fraun,
So daß sie ihn als faden Gecken
Abfahren lassen oder necken,
Und fühlt er darob geheimen Groll
Und weiß nicht, was er sagen soll,
Dann schwebt mit Recht auf seinen Zügen
Ein unaussprechliches Vergnügen.
(...)

Zu guter Letzt

19. April

Der Philosoph (II)

Und hat er Kursverlust erlitten,
Ist er moralisch ausgeglitten,
So gibt es Leute, die doch immer
Noch dümmer sind als er und schlimmer.
Und hat er etwa krumme Beine,
So gibt's noch krümmere als seine.
Er tröstet sich und lacht darüber
Und denkt: Da bin ich mir doch lieber.
Den Teufel laß ich aus dem Spiele.
Auch sonst noch lachen ihrer viele,
Besonders jene ewig Heitern,
Die unbewußt den Mund erweitern,
Die, sozusagen, auserkoren
Zum Lachen bis an beide Ohren.
Sie freuen sich mit Weib und Kind
Schon bloß, weil sie vorhanden sind.
Ich dahingegen, der ich sitze
Auf der Betrachtung höchster Spitze,
Weit über allem Was und Wie,
Ich bin für mich und lache nie.

Zu guter Letzt

20. April

Die Teilung (I)

Es hat einmal, so wird gesagt,
Der Löwe mit dem Wolf gejagt.
Da haben sie vereint erlegt
Ein Wildschwein, stark und gut gepflegt.
Doch als es ans Verteilen ging,
Dünkt das dem Wolf ein mißlich Ding.
Der Löwe sprach: Was grübelst du?
Glaubst du, es geht nicht redlich zu?
Dort kommt der Fuchs, er mag entscheiden,
Was jedem zukommt von uns beiden.
Gut, sagt der Wolf, dem so ein Freund
Als Richter gar nicht übel scheint.
Der Löwe winkt dem Fuchs sogleich:
Herr Doktor, das ist was für Euch.
Hier dieses jüngst erlegte Schwein,
Bedenkt es wohl, ist mein und sein.
Ich faßt es vorn, er griff es hinten;
Jetzt teilt es uns, doch ohne Finten.
(...)

Zu guter Letzt

21. April

Die Teilung (II)

Der Fuchs war ein Jurist vom Fach.
Sehr einfach, spricht er, liegt die Sach.
Das Vorderteil, ob viel, ob wenig,
Erhält mit Fug und Recht der König.
Dir aber, Vetter Isegrimm,
Gebührt das Hinterteil. Da nimm!
Bei diesem Wort trennt er genau
Das Schwänzchen hinten von der Sau.
Indes der Wolf verschmäht die Beute,
Verneigt sich kurz und geht beiseite.
Fuchs, sprach der Löwe, bleib bei mir.
Von heut an seid Ihr Großwesir.

Zu guter Letzt

22. April

Fortuna lächelt, doch sie mag
Nur ungern voll beglücken;
Schenkt sie uns einen Sommertag,
So schenkt sie uns auch Mücken.

Reime und Sprüche

23. April

Abschied

Die Bäume hören auf zu blühn,
Mein Schatz will in die Fremde ziehn;
Mein Schatz, der sprach ein bittres Wort:
Du bleibst hier, aber ich muß nun fort.

Leb wohl, mein Schatz, ich bleib dir treu,
Wo du auch bist, wo ich auch sei.
Bei Regen und bei Sonnenschein,
Solang ich lebe, gedenk ich dein.

Solang ich lebe, lieb ich dich,
Und wenn ich sterbe, bet für mich,
Und wenn du kommst zu meinem Grab,
So denk, daß ich dich geliebet hab.

Schein und Sein

24. April

Unwillkommener Besuch

Wird man im Mittagsschlaf gestört,
Das ist verdrießlich, das empört.

Hernach

25. April

Ein dicker Sack – den Bauer Bolte,
Der ihn zur Mühle tragen wollte,
Um auszuruhn, mal hingestellt
Dicht an ein reifes Ährenfeld –
Legt sich in würdevolle Falten
Und fängt 'ne Rede an zu halten.
Ich, sprach er, bin der volle Sack.
Ihr Ähren seid nur dünnes Pack,
Ich bin's, der euch auf dieser Welt
In Ewigkeit zusammenhält.
Ich bin's, der hoch vonnöten ist,
Daß euch das Federvieh nicht frißt;
Ich, dessen hohe Fassungskraft
Euch schließlich in die Mühle schafft.
Verneigt euch tief, denn ich bin der!
Was wäret ihr, wenn ich nicht wär?
Sanft rauschen die Ähren:
Du wärst ein leerer Schlauch,
wenn wir nicht wären.

Kritik des Herzens

26. April

Niemals

Wonach du sehnlich ausgeschaut,
Es wurde dir beschieden.
Du triumphierst und jubelst laut:
Jetzt hab ich endlich Frieden!

Ach, Freundchen, rede nicht so wild,
Bezähme deine Zunge!
Ein jeder Wunsch, wenn er erfüllt,
Kriegt augenblicklich Junge.

Schein und Sein

27. April

Reue

Die Tugend will nicht immer passen,
Im ganzen läßt sie etwas kalt.
Und daß man eine unterlassen,
Vergißt man bald.

Doch schmerzlich denkt manch alter Knaster,
Der von vergangnen Zeiten träumt,
An die Gelegenheit zum Laster,
die er versäumt.

Zu guter Letzt

28. April

Ich wußte, sie ist in der Küchen,
Ich bin ihr leise nachgeschlichen.
Ich wollt' ihr ew'ge Treue schwören
Und fragen: Willst du mir gehören?
Auf einmal aber stutzte ich.
Sie kramte zwischen dem Gewürze;
Dann schneuzte sie und putzte sich
Die Nase mit der Schürze.

Kritik des Herzens

29. April

Ich hab in einem alten Buch gelesen
Von einem Jüngling, welcher schlimm gewesen.
Er streut sein Hab und Gut in alle Winde.
Von Lust zu Lüsten und von Sünd zu Sünde,
In tollem Drang, in schrankenlosem Streben
Spornt er sein Roß hinein ins wilde Leben,
Bis ihn ein jäher Sturz vom Felsenrand
Dahingestreckt in Sand und Sonnenbrand,
Daß Ströme Bluts aus seinem Munde dringen
Und jede Hoffnung fast erloschen ist.
Ich aber hoffe – sagt hier der Chronist –,
Die Gnade leiht dem Jüngling ihre Schwingen.

Im selben Buche hab ich auch gelesen
Von einem Manne, der honett gewesen,
Es war ein Mann, den die Gemeinde ehrte,
Der so von sechs bis acht sein Schöppchen leerte,
Der aus Prinzip nie einem etwas borgte,
Der emsig nur für Frau und Kinder sorgte;
Dazu ein proprer Mann, der nie geflucht,
Der seine Kirche musterhaft besucht.
Kurzum, er hielt sein Rößlein stramm im Zügel
Und war, wie man so sagt, ein guter Christ.
Ich fürchte nur – bemerkt hier der Chronist –,
Dem Biedermann wachsen keine Flügel.

Kritik des Herzens

30. April

Vielleicht

Sage nie: Dann soll's geschehen!
Öffne dir ein Hinterpförtchen
Durch „Vielleicht", das nette Wörtchen,
Oder sag: Ich will mal sehen!

Denk an des Geschickes Walten.
Wie die Schiffer auf den Plänen
Ihrer Fahrten stets erwähnen:
Wind und Wetter vorbehalten!

Schein und Sein

Mai

1. Mai

Kränzchen

In der ersten Nacht des Maien
Läßt's den Hexen keine Ruh.
Sich gesellig zu erfreuen,
Eilen sie dem Brocken zu.

Dorten haben sie ihr Kränzchen.
Man verleumdet, man verführt,
Macht ein lasterhaftes Tänzchen,
Und der Teufel präsidiert.

Zu guter Letzt

2. Mai

Sei mir gegrüßt, du lieber Mai,
Mit Laub und Blüten mancherlei!
Seid mir gegrüßt, ihr lieben Bienen,
Vom Morgensonnenstrahl beschienen!
Wie fliegt ihr munter ein und aus
In Imker Dralles Bienenhaus
Und seid zu dieser Morgenzeit
So früh schon voller Tätigkeit.
(...)

Schnurrdiburr oder Die Bienen

3. Mai

Es sitzt ein Vogel auf dem Leim,
Er flattert sehr und kann nicht heim.
Ein schwarzer Kater schleicht herzu,
Die Krallen scharf, die Augen gluh.
Am Baum hinauf und immer höher
Kommt er dem armen Vogel näher.
Der Vogel denkt: Weil das so ist
Und weil mich doch der Kater frißt,
So will ich keine Zeit verlieren,
Will noch ein wenig quinquilieren
Und lustig pfeifen wie zuvor.
Der Vogel, scheint mir, hat Humor.

Kritik des Herzens

4. Mai

Jeder weiß, was so ein Mai –
Käfer für ein Vogel sei.
In den Bäumen hin und her
Fliegt und kriecht und krabbelt er.
(...)

Max und Moritz

5. Mai

Auf Wiedersehn

Ich schnürte meinen Ranzen
Und kam zu einer Stadt,
Allwo es mir im ganzen
Recht gut gefallen hat.

Nur eines macht beklommen,
So freundlich sonst der Ort:
Wer heute angekommen,
Geht morgen wieder fort.

Bekränzt mit Trauerweiden
Vorüber zieht der Fluß,
Den jeder beim Verscheiden
Zuletzt passieren muß.

Wohl dem, der ohne Grauen,
In Liebe treu bewährt,
Zu jenen dunklen Auen
Getrost hinüberfährt.

Zwei Blinde, müd vom Wandern,
Sah ich am Ufer stehn;
Der eine sprach zum andern:
Leb wohl, auf Wiedersehn.

Zu guter Letzt

6. Mai

Die Mücken (I)

Dich freut die warme Sonne.
Du lebst im Monat Mai.
In deiner Regentonne
Da rührt sich allerlei.

Viel kleine Tierlein steigen
Bald auf-, bald niederwärts,
Und, was besonders eigen,
Sie atmen mit dem Sterz.

Noch sind sie ohne Tücken,
Rein kindlich ist ihr Sinn.
Bald aber sind sie Mücken
Und fliegen frei dahin.

Sie fliegen auf und nieder
Im Abendsonnenglanz
Und singen feine Lieder
Bei ihrem Hochzeitstanz.
(...)

Zu guter Letzt

7. Mai

Die Mücken (II)

Du gehst zu Bett um zehne,
Du hast zu schlafen vor,
Dann hörst du jene Töne
Ganz dicht an deinem Ohr.

Drückst du auch in die Kissen
Dein wertes Angesicht,
Dich wird zu finden wissen,
Der Rüssel, welcher sticht.

Merkst du, daß er dich impfe,
So reib mit Salmiak
Und dreh dich um und schimpfe
Auf dieses Mückenpack.

Zu guter Letzt

8. Mai

Frühlingslied (I)

In der Laube von Syringen,
Oh wie ist der Abend fein!
Brüder, laßt die Gläser klingen!
Angefüllt mit Maienwein.

Heija, der frische Mai,
Er bringt uns mancherlei.
Das Schönste aber hier auf Erden
Ist, lieben und geliebt zu werden,
Heija, im frischen Mai!

Über uns die lieben Sterne
Blinken hell und frohgemut,
Denn sie sehen schon von ferne,
Auch hier unten geht es gut.
(...)

Schein und Sein

9. Mai

Frühlingslied (II)

Wer sich jetzt bei trüben Kerzen
Der Gelehrsamkeit befleißt,
Diesem wünschen wir von Herzen,
Daß er bald Professor heißt.

Wer als Wein- und Weiberhasser
Jedermann im Wege steht,
Der genieße Brot und Wasser,
Bis er endlich in sich geht.

Wem vielleicht sein altes Hannchen
Irgendwie abhanden kam,
Nur getrost, es gab schon manchen,
Der ein neues Hannchen nahm.
(...)

Schein und Sein

10. Mai

Frühlingslied (III)

Also, eh der Mai zu Ende,
Aufgeschaut und umgeblickt,
Keiner, der nicht eine fände,
Die ihn an ihr Herze drückt.

Jahre steigen auf und nieder;
Aber wenn der Lenz erblüht,
Dann, ihr Brüder, immer wieder
Töne unser Jubellied.

Heija, der frische Mai,
Er bringt uns mancherlei,
Das Schönste aber hier auf Erden
Ist, lieben und geliebt zu werden,
Heija, im frischen Mai.

Schein und Sein

11. Mai

Rotkehlchen

Rotkehlchen auf dem Zweige hupft,
Wipp, wipp!
Hat sich ein Beerlein abgezupft,
Knipp, knipp!
Läßt sich zum klaren Bach hernieder,
Tunkt's Schnäblein ein und hebt es wieder,
Stipp, stipp, nipp, nipp!
Und schwingt sich wieder in den Flieder.

Es singt und piepst
Ganz allerliebst,
Zipp zipp, zipp zipp trili!
Sich seine Abendmelodie,
Steckt's Köpfchen dann ins Federkleid
Und schlummert bis zur Morgenzeit.

Stippstörchen für Äuglein und Öhrchen

12. Mai

Die Gams im Freien übernachtet,
Martini man die Gänse schlachtet.

Naturgeschichtliches Alphabet

13. Mai

Der Hopfen wächst an langer Stange,
Der Hofhund macht den Wandrer bange.

Naturgeschichtliches Alphabet

14. Mai

Leicht kommt man an das Bildermalen,
Doch schwer an Leute, die's bezahlen.
Statt ihrer ist, als ein Ersatz,
Der Kritikus sofort am Platz.
(...)

Maler Klecksel

15. Mai

Die Nachbarskinder

Wer andern gar zu wenig traut,
Hat Angst an allen Ecken;
Wer gar zu viel auf andre baut,
Erwacht mit Schrecken.

Es trennt sie nur ein leichter Zaun,
Die beiden Sorgengründer;
Zu wenig und zu viel Vertraun
Sind Nachbarskinder.

Schein und Sein

16. Mai

Kopf und Herz

Wie es scheint, ist die Moral
Nicht so leicht beleidigt,
Während Schlauheit allemal
Wütend sich verteidigt.

Nenn den Schlingel liederlich,
Leicht wird er's verdauen;
Nenn ihn dumm, so wird er dich,
Wenn er kann, verhauen.

Zu guter Letzt

17. Mai

Gedankenvoll

Ich weiß ein stilles Fensterlein,
Liegt heimlich und versteckt,
Das hat mit Laub der grüne Wein
Und Ranken überdeckt.

Im Laube spielt der Sommerwind,
Die Rebe schwankt und nickt,
Dahinter sitzt ein hübsches Kind
Gedankenvoll und stickt.

Im jugendklaren Angesicht
Blüht wundersüß der Mund
Als wie ein Rosenknösplein licht
Früh in der Morgenstund. (...)

Und's Köpfchen scheint so still zu sein.
Ist doch ein Taubenschlag.
Gedanken fliegen aus und ein
Den lieben langen Tag.

Sie fliegen über Wald und Flur
Ins weite Land hinaus.
Ach, käm ein einzig Täubchen nur
Und flöge in mein Haus.

Schein und Sein

18. Mai

Wenn andre klüger sind als wir,
Das macht uns selten nur Pläsier,
Doch die Gewißheit, daß sie dümmer,
Erfreut fast immer.

Reime und Sprüche

19. Mai

Die Birke (I)

Es wächst wohl auf der Heide
Und in des Waldes Raum
Ein Baum zu Nutz und Freude,
Genannt der Birkenbaum.

Die Schuh, daraus geschnitzet,
Sind freundlich von Gestalt.
Wohl dem, der sie besitzet,
Ihm wird der Fuß nicht kalt.

Es ist die weiße Rinde
Zu Tabaksdosen gut,
Als teures Angebinde
Für den, der schnupfen tut.

Man zapfet aus der Birke
Sehr angenehmen Wein,
Man reibt sich, daß es wirke,
Die Glatze damit ein.
(...)

Zu guter Letzt

20. Mai

Die Birke (II)

Dem Birkenreiserbesen
Gebühret Preis und Ehr;
Das stärkste Kehrichtwesen,
Das treibt er vor sich her.

Von Birken eine Rute,
Gebraucht am rechten Ort,
Befördert oft das Gute
Mehr als das beste Wort.

Und kommt das Fest der Pfingsten,
Dann schmückt mir fein das Haus,
Ihr, meine liebsten Jüngsten,
Mit Birkenzweigen aus.

Zu guter Letzt

21. Mai

Wie lieb und luftig perlt die Blase
Der Witwe Klicko in dem Glase.
(...)

Die fromme Helene

22. Mai

Hartnäckig weiter fließt die Zeit;
Die Zukunft wird Vergangenheit.
Von einem großen Reservoir
Ins andre rieselt Jahr um Jahr;
Und aus den Fluten taucht empor
Der Menschen buntgemischtes Korps.
Sie plätschern, traurig oder munter,
'n bissel 'rum, dann gehen's unter
Und werden, ziemlich abgekühlt,
Für läng're Zeit hinweggespült. –
(...)

Maler Klecksel

23. Mai

Eben geht mit einem Teller
Witwe Bolte in den Keller,
Daß sie von dem Sauerkohle
Eine Portion sich hole,
Wofür sie besonders schwärmt,
Wenn er wieder aufgewärmt. –
(...)

Max und Moritz

24. Mai

An den "Krökelorden"

Ein alter Kauz, im hohlen Baum,
Vertieft in seinen Tagestraum,
Doch aufgewacht durch lautes Pochen
Von Meister Specht und durch die Lieder
Der Vöglein, ist hervorgekrochen
Und spricht also:

"Ihr Waldesbrüder!
Die Welt, das läßt sich nicht bestreiten,
Hat ihre angenehmen Seiten;
Sie liefert Körner, Käfer, Mäuse
Zum Wohlgeschmack in jeder Weise
Und geht auch wohl so bald nicht unter.
Ich grüße euch; bleibt nur hübsch munter
Und macht euch möglichst viel Pläsier.
Doch ich, der alt und kalt geworden,
Ich passe nicht in euren Orden;
Mir ziemt die Ruhe, gönnt sie mir."

Und als der Kauz also gesprochen,
ist er zurück ins Loch gekrochen.

Ausgewählte Gedichte

25. Mai

Die Geschichte eines Flohs kann
so interessant sein wie die Geschichte
Griechenlands.

*

Der Lyriker bringt seine Gefühle zu
Markt wie der Bauer seine Ferkel.

*

„So ist die Sach'!" – Oh, wie so leise,
Wenn überhaupt, sagt das das Weise.

Reime und Sprüche

26. Mai

Armer Haushalt

Weh, wer ohne rechte Mittel
Sich der Poesie vermählt!
Täglich dünner wird der Kittel,
Und die Milch im Hause fehlt.

Ängstlich schwitzend muß er sitzen,
Fort ist seine Seelenruh,
Und vergeblich an den Zitzen
Zupft er seine magre Kuh.

Schein und Sein

27. Mai

Drohendes Verhängnis

Es machen sich die Fliegen
Ein lustig Tanzvergnügen.
Der Frosch, der denkt: Nur munter!
Ihr kommt schon noch herunter!

Hernach

28. Mai

Ach, der Tugend schöne Werke,
Gerne möcht ich sie erwischen,
Doch ich merke, doch ich merke,
Immer kommt mir was dazwischen.

Kritik des Herzens

29. Mai

Von selbst

Spare deine guten Lehren
Für den eigenen Genuß.
Kaum auch wirst du wen bekehren,
Zeigst du, wie man's machen muß.

Laß ihn im Galoppe tollen,
Reite ruhig deinen Trab.
Ein zu ungestümes Wollen
Wirft von selbst den Reiter ab.

Schein und Sein

30. Mai

Ein Muster der Schnelligkeit

Die Panzerkröte sprach zur Schnecke:
Pfui! Schäme dich!
Du kommst ja gar nicht recht vom Flecke!
Da sieh mal mich!

Hernach

31. Mai

Wer kann behaupten, daß die Naturgesetze
ewig sind? Wir kennen nur das eine Ende davon.

*

Dumme Gedanken hat jeder,
nur der Weise verschweigt sie.

*

Manche Wahrheiten sollen nicht, manche
brauchen nicht, manche müssen gesagt werden.

Reime und Sprüche

Juni

1. Juni

Zum Geburtstag im Juni (I)

Den Jahreszeiten allen
Selbviert sei Preis und Ehr!
Nur sag ich: Mir gefallen
Sie minder oder mehr.

Der Frühling wird ja immer
Gerühmt, wie sich's gebührt,
Weil er mit grünem Schimmer
Die graue Welt verziert.

Doch hat in unsrer Zone
Er durch den Reif der Nacht
Schon manche grüne Bohne
Und Gurke umgebracht.
(...)

Schein und Sein

2. Juni

Zum Geburtstag im Juni (II)

Stets wird auch Ruhm erwerben
Der Herbst, vorausgesetzt,
Daß er mit vollen Körben
Uns Aug und Mund ergötzt.

Indes durch leises Tupfen
Gemahnt er uns bereits:
Bald, Kinder, kommt der Schnupfen
Und's Gripperl seinerseits.

Der Winter kommt. Es blasen
Die Winde scharf und kühl;
Rot werden alle Nasen,
Und Kohlen braucht man viel.
(...)

Schein und Sein

3. Juni

Zum Geburtstag im Juni (III)

Nein, mir gefällt am besten,
Das, was der Sommer bringt,
Wenn auf belaubten Ästen
Die Schar der Vöglein singt.

Wenn Rosen, zahm und wilde,
In vollster Blüte stehn,
Wenn über Lustgefilde
Zephire kosend wehn.

Und wollt' mich einer fragen,
Wann's mir im Sommer dann
Besonders tät behagen,
Den Juni gäb ich an.

Und wieder dann darunter
Den selben Tag gerad,
Wo einst ein Kindlein munter
Zuerst zutage trat.

Drum flattert dies Gedichtchen
Jetzt über Berg und Tal
Und grüßt das liebe Nichtchen
Vom Onkel tausendmal.

Schein und Sein

4. Juni

Der Mond. Dies Wort so ahnungsreich,
So treffend, weil es rund und weich –
Wer wäre wohl so kaltbedächtig,
So herzlos und so niederträchtig,
Daß es ihm nicht, wenn er es liest,
Sanftschauernd durch die Seele fließt?

Das Dörflein ruht im Mondenschimmer,
Die Bauern schnarchen fest wie immer;
Es ruh'n die Ochsen und die Stuten
Und nur der Wächter muß noch tuten,
Weil ihn sein Amt dazu verpflichtet,
Der Dichter aber schwärmt und dichtet.
(...)

Balduin Bählamm

5. Juni

Wenn's einer davon haben kann,
So bleibt er gerne dann und wann
Des Morgens, wenn das Wetter kühle,
Noch etwas liegen auf dem Pfühle.
Und denkt sich so in seinem Sinn:
Na, dämm're noch'n bissel hin!
Und denkt so hin und denkt so her,
Wie dies wohl wär, wenn das nicht wär. –
Und schließlich wird es ihm zu dumm. –
Er wendet sich nach vorne um,
Kreucht von der warmen Lagerstätte
Und geht an seine Toilette.
(…)

Die fromme Helene

6. Juni

Mit Recht erscheint uns das Klavier,
Wenn's schön poliert, als Zimmerzier.
Ob's außerdem Genuß verschafft,
Bleibt hin und wieder zweifelhaft.
(...)

Fipps der Affe

7. Juni

Trau ja dem Igel nicht, er sticht,
Der Iltis ist auf Mord erpicht.

Naturgeschichtliches Alphabet

8. Juni

Johanniswürmchen freut uns sehr,
Der Jaguar weit weniger.

Naturgeschichtliches Alphabet

9. Juni

Der Glaube soll ruhig auf seiner Burg bleiben.
Da ist er sicher und geborgen.

*

Der Glaube, durch Verstand gestützt,
ist wie ein Vogel, dem man eine Leiter
bringt, dran in die Luft zu steigen.

*

Glaubenssachen sind Liebessachen.
Es gibt keine Gründe dafür oder dagegen.

Reime und Sprüche

10. Juni

Das Nilpferd

Das Nilpferd pflückt sich oft gemütlich
Ein Blümchen ab. Das macht sich niedlich!

Hernach

11. Juni

Die erste alte Tante sprach:
Wir müssen nun auch dran denken,
Was wir zu ihrem Namenstag
Dem guten Sophiechen schenken.
Drauf sprach die zweite Tante kühn:
Ich schlage vor, wir entscheiden
Uns für das Kleid in Erbsengrün,
Das mag Sophiechen nicht leiden.
Der dritten Tante war das recht:
Ja, sprach sie, mit gelben Ranken,
Ich weiß, sie ärgert sich nicht schlecht
Und muß sich auch noch bedanken.

Kritik des Herzens

12. Juni

Nicht artig

Man ist ja von Natur kein Engel,
Vielmehr ein Welt- und Menschenkind,
Und ringsumher ist ein Gedrängel,
Von solchen, die dasselbe sind.

In diesem Reich geborner Flegel,
Wer könnte sich des Lebens freun,
Würd' es versäumt, schon früh die Regel
Der Rücksicht kräftig einzubleun.

Es saust der Stock, es schwirrt die Rute.
Du darfst nicht zeigen, was du bist.
Wie schad, o Mensch, daß dir das Gute
Im Grunde so zuwider ist.

Zu guter Letzt

13. Juni

Leider

So ist's in alter Zeit gewesen,
So ist es, fürcht ich, auch noch heut.
Wer nicht besonders auserlesen,
Dem macht die Tugend Schwierigkeit.

Aufsteigend mußt du dich bemühen,
Doch ohne Mühe sinkest du.
Der liebe Gott muß immer ziehen,
Dem Teufel fällt's von selber zu.

Schein und Sein

14. Juni

Es stand vor eines Hauses Tor
Ein Esel mit gespitztem Ohr,
Der kaute sich ein Bündel Heu
Gedankenvoll und still entzwei. –
Nun kommen da und bleiben stehn
Der naseweisen Buben zween,
Die auch sogleich, indem sie lachen,
Verhaßte Redensarten machen,
Womit man denn bezwecken wollte,
Daß sich der Esel ärgern sollte. –
Doch dieser hocherfahrne Greis
Beschrieb nur einen halben Kreis,
Verhielt sich stumm und zeigte itzt
die Seite, wo der Wedel sitzt.

Kritik des Herzens

15. Juni

Zahlen sind die Naturkräfte,
belauscht in ihren Gewohnheiten.

*

Auch das kleinste Ding hat seine
Wurzeln in der Unendlichkeit, ist
also nicht völlig zu ergründen.

Reime und Sprüche

16. Juni

Sie stritten sich beim Wein herum,
Was das nun wieder wäre;
Das mit dem Darwin wär gar zu dumm
Und wider die menschliche Ehre.
Sie tranken manchen Humpen aus,
Sie stolperten aus den Türen,
Sie grunzten vernehmlich und kamen zu Haus
Gekrochen auf allen vieren.

Kritik des Herzens

17. Juni

Künftig

O komm herbei, du goldne Zeit,
Wenn alle, die jetzt bummeln,
In schöner Unparteilichkeit
Sich bei der Arbeit tummeln.

Der Lärm, womit der Musikant
Uns stört, wird dann geringer.
Wer Dünger fuhr, wer Garben band,
Dem krümmen sich die Finger.

Schein und Sein

18. Juni

So nicht

Ums Paradies ging eine Mauer,
Hübsch hoch, von bestem Marmelstein.
Der Kain, als ein Bub, ein schlauer,
Denkt sich, ich komme doch hinein.

Er stieg hinauf zu diesem Zwecke
An einer Leiter mäuschenstumm.
Da schlich der Teufel um die Ecke
Und stieß ihn samt der Leiter um.

Der Vater Adam, der's gesehen,
Sprach, während er ihn liegen ließ:
Du Schlingel! Dir ist recht geschehen,
So kommt man nicht ins Paradies.

Schein und Sein

19. Juni

Der Ruhm (I)

Der Ruhm, wie alle Schwindelware,
Hält selten über tausend Jahre.
Zumeist vergeht schon etwas eh'r
Die Haltbarkeit und die Kulör.
Ein Schmetterling von Eleganz,
Genannt der Ritter Schwalbenschwanz,
Ein Exemplar von erster Güte,
Begrüßte jede Doldenblüte
Und holte hier und holte da
Sich Nektar und Ambrosia.
Mitunter macht er sich auch breit
In seiner ganzen Herrlichkeit
Und zeigt den Leuten seine Orden
Und ist mit Recht berühmt geworden.
(...)

Zu guter Letzt

20. Juni

Der Ruhm (II)

Die jungen Mädchen fanden dies
Entzückend, goldig, reizend, süß.
Vergeblich schwenkten ihre Mützen
Die Knaben, um ihn zu besitzen.
Sogar der Spatz hat zugeschnappt
Und hätt' ihn um ein Haar gehabt.
Jetzt aber naht sich ein Student,
Der seine Winkelzüge kennt.
In einem Netz mit engen Maschen
Tät er den Flüchtigen erhaschen,
Und da derselbe ohne Tadel,
Spießt er ihn auf die heiße Nadel.
So kam er unter Glas und Rahmen
Mit Datum, Jahreszahl und Namen
Und bleibt berühmt und unvergessen,
Bis ihn zuletzt die Motten fressen.
Man möchte weinen, wenn man sieht,
Daß dies das Ende von dem Lied.

Zu guter Letzt

21. Juni

Immer wieder

Der Winter ging, der Sommer kam.
Er bringt aufs neue wieder
Den vielgeliebten Wunderkram,
Der Blumen und der Lieder.

Wie das so wechselt Jahr um Jahr,
Betracht ich fast mit Sorgen.
Was lebte, starb, was ist, es war,
Und heute wird zu morgen.

Stets muß die Bildnerin Natur
Den alten Ton benützen
In Haus und Garten, Wald und Flur
Zu ihren neuen Skizzen.

Zu guter Letzt

22. Juni

Ratsam ist und bleibt es immer
Für ein junges Frauenzimmer,
Einen Mann sich zu erwählen
Und womöglich zu vermählen.
Erstens: will es so der Brauch.
Zweitens: will man's selber auch.
Drittens: man bedarf der Leitung
Und der männlichen Begleitung;
Weil bekanntlich manche Sachen,
Welche große Freude machen,
Mädchen nicht allein verstehn;
Als da ist: ins Wirtshaus gehn.
(...)

Die fromme Helene

23. Juni

Hier strotzt die Backe voller Saft;
Da hängt die Hand, gefüllt mit Kraft.
Die Kraft, infolge von Erregung,
Verwandelt sich in Schwungbewegung.
Bewegung, die in schnellem Blitze
Zur Backe eilt, wird hier zur Hitze.
Die Hitze aber, durch Entzündung
Der Nerven, brennt als Schmerzempfindung
Bis in den tiefsten Seelenkern,
Und dies Gefühl hat keiner gern.
Ohrfeige heißt man diese Handlung,
Der Forscher nennt es Kraftverwandlung.
(...)

Balduin Bählamm

24. Juni

Trinklied

Gestern ging ich wieder mal
In die Schenke schnelle,
Wie der durst'ge Pilgersmann
Eilt aus der Kapelle.

Alldieweil der Durst so groß,
Trink ich etwas eil'ger
Und erglänze alsobald
Wie ein neuer Heil'ger.
(...)

Dideldum

25. Juni

Bekanntlich möchte in dieser Welt
Jeder gern haben, was ihm gefällt.
Gelingt es dann mal dem wirklich Frommen,
An die gute Gabe dranzukommen,
Um die er dringend früh und spat
Aus tiefster Seele so inniglich bat,
Gleich steht er da, seufzt, hustet und spricht:
„Ach Herr, nun ist es ja doch so nicht!"
(...)

Knopp-Trilogie

26. Juni

Abendkonzert

Ein Konzert von Dilettanten,
Stimmt auch grad nicht jeder Ton,
Wie bei rechten Musikanten,
Ihnen selbst gefällt es schon.

Hernach

27. Juni

Er mußte erst mit dem Kopf gegen die
Bäume rennen, ehe er merkte, daß er
auf dem Holzweg war.

*

Wem Fortuna ein Haus schenkt,
dem schenkt sie auch Möbel.

*

Wer auf offener See fährt,
richtet sich nach den Sternen.

*

Wer zusieht, sieht mehr,
als wer mitspielt.

*

Wer hinter die Puppenbühne geht,
sieht die Drähte.

Reime und Sprüche

28. Juni

Verfrüht

Papa, nicht wahr,
Im nächsten Jahr,
Wenn ich erst groß
Und lesen kann und schreiben kann,
Dann krieg ich einen hübschen Mann
Mit einer Ticktackuhr
An einer goldnen Schnur.
Der nimmt mich auf den Schoß
Und sagt zu mir: Mein Engel,
Und gibt mir Zuckerkrengel
Und Kuchen und Pasteten.
Nicht wahr, Papa?
Der Vater brummt: na, na,
Was ist das für Gefabel!
Die Vögel, die dann flöten,
Die haben noch keinen Schnabel.

Schein und Sein

29. Juni

Es wird mit Recht ein guter Braten
Gerechnet zu den guten Taten;
Und daß man ihn gehörig mache,
Ist weibliche Charaktersache.
Ein braves Mädchen braucht dazu
Mal erstens reine Seelenruh,
Daß bei Verwendung der Gewürze
Sie sich nicht hastig überstürze.
Dann zweitens braucht sie Sinnigkeit,
Ja, sozusagen Innigkeit,
Damit sie alles appetitlich,
Bald so, bald so, und recht gemütlich
Begießen, drehn und wenden könne,
Daß an der Sache nichts verbrenne.
In Summa braucht sie Herzensgüte,
Ein sanftes Sorgen im Gemüte,
Fast etwas Liebe insofern,
Für all die hübschen, edlen Herrn,
Die diesen Braten essen sollen
Und immer etwas Gutes wollen.
Ich weiß, daß hier ein jeder spricht:
Ein böses Mädchen kann es nicht.
Drum hab ich mir auch stets gedacht
Zu Haus und anderwärts:
Wer einen guten Braten macht,
Hat auch ein gutes Herz.

Kritik des Herzens

30. Juni

Woher, wohin

Wo sich Ewigkeiten dehnen,
Hören die Gedanken auf,
Nur der Herzen frommes Sehnen
Ahnt, was ohne Zeitenlauf.

Wo wir waren, wo wir bleiben,
Sagt kein kluges Menschenwort;
Doch die Grübelgeister schreiben:
Bist du weg, so bleibe fort.

Laß dich nicht aufs neu gelüsten.
Was geschah, es wird geschehn.
Ewig an des Lebens Küsten
Wirst du scheiternd untergehn.

Schein und Sein

Juli

1. Juli

Duldsam (I)

Des Morgens früh, sobald ich mir
Mein Pfeifchen angezündet,
Geh ich hinaus zur Hintertür,
Die in den Garten mündet.

Besonders gern betracht ich dann
Die Rosen, die so niedlich;
Die Blattlaus sitzt und saugt daran
So grün, so still, so friedlich.

Und doch wird sie, so still sie ist,
Der Grausamkeit zur Beute;
Der Schwebefliegen Larve frißt
Sie auf bis auf die Häute.

Schlupfwespchen flink und klimperklein,
So sehr die Laus sich sträube,
Sie legen doch ihr Ei hinein
Noch bei lebend'gem Leibe.
(...)

Zu guter Letzt

2. Juli

Duldsam (II)

Sie aber sorgt nicht nur mit Fleiß
Durch Eier für Vermehrung;
Sie kriegt auch Junge hundertweis
Als weitere Bescherung.

Sie nährt sich an dem jungen Schaft
Der Rosen, eh sie welken;
Ameisen kommen, ihr den Saft
Sanft streichelnd abzumelken.

So seh ich in Betriebsamkeit
Das hübsche Ungeziefer
Und rauche während dieser Zeit
Mein Pfeifchen tief und tiefer.

Daß keine Rose ohne Dorn,
Bringt mich nicht aus dem Häuschen.
Auch sag ich ohne jeden Zorn:
Kein Röslein ohne Läuschen.

Zu guter Letzt

3. Juli

Ja ja!

Ein weißes Kätzchen voller Schliche
Ging heimlich, weil es gerne schleckt,
Des Abends in die Nachbarküche,
Wo man es leider bald entdeckt.

Mit Besen und mit Feuerzangen
Gejagt in alle Ecken ward's.
Es fuhr zuletzt voll Todesbangen
Zum Schlot hinaus und wurde schwarz.

Ja, siehst du wohl, mein liebes Herze?
Wer schlecken will, was ihm gefällt,
Der kommt nicht ohne Schmutz und Schwärze
Hinaus aus dieser bösen Welt.

Zu guter Letzt

4. Juli

Der Gefällige (I)

Die Grete steigt zum Hühnernest.
Der Hansel hält die Leiter fest.
(...)

Hernach

5. Juli

Der Gefällige (II)

Die Leiter bricht von dem Gewicht.
Erfreulich ist's für beide nicht.

Hernach

6. Juli

Individualität

Es ist mal so, daß ich so bin.
Weiß selber nicht warum.
Hier ist die Schenke. Ich bin drin
Und denke mir: Dideldum!

Daß das so ist, das tut mir leid.
Mein Individuum
Hat aber mal die Eigenheit,
Drum denk ich mir: Dideldum!

Und schaut die Jungfer Kellnerin
Sich auch nach mir nicht um;
Ich weiß ja doch, wie schön ich bin,
Und denke mir: Dideldum!

Und säße einer da abseit
Mit Knurren und Gebrumm
Und meint ich wäre nicht gescheit,
So denk ich mir: Dideldum!

Doch kommt mir wer daher und spricht,
Ich wäre gar nicht frumm
Und hätte keine Tugend nicht,
Das nehm ich krumm. – Dideldum!

Dideldum

7. Juli

Das Zahnweh, subjektiv genommen,
ist ohne Zweifel unwillkommen;
Doch hat's die gute Eigenschaft,
Daß sich dabei die Lebenskraft,
Die man nach außen oft verschwendet,
Auf einen Punkt nach innen wendet
Und hier energisch konzentriert.
Kaum wird der erste Stich verspürt,
Kaum fühlt man das bekannte Bohren,
Das Rucken, Zucken und Rumoren –
Und aus ist's mit der Weltgeschichte,
Vergessen sind die Kursberichte,
Die Steuern und das Einmaleins.
Kurz, jede Form gewohnten Seins,
Die sonst real erscheint und wichtig,
Wird plötzlich wesenlos und nichtig.
Ja, selbst die alte Liebe rostet –
Man weiß nicht, was die Butter kostet –
Denn einzig in der engen Höhle,
Des Backenzahnes weilt die Seele,
Und unter Toben und Gesaus
Reift der Entschluß: Er muß heraus!!
(...)

Balduin Bählamm

8. Juli

Den Kakadu man gern betrachtet,
Das Kalb man ohne weiters schlachtet.

Naturgeschichtliches Alphabet

9. Juli

Die Lerche in die Lüfte steigt,
Der Löwe brüllt, wenn er nicht schweigt.

Naturgeschichtliches Alphabet

10. Juli

Vater werden ist nicht schwer,
Vater sein dagegen sehr. –
Ersteres wird gern geübt,
Weil es allgemein beliebt.
Selbst der Lasterhafte zeigt,
Daß er gar nicht abgeneigt;
Nur will er mit seinen Sünden
Keinen guten Zweck verbinden,
Sondern, wenn die Kosten kommen,
Fühlet er sich angstbeklommen,
Dieserhalb besonders scheut
Er die fromme Geistlichkeit,
Denn ihm sagt ein stilles Grauen:
Das sind Leute, welche trauen. –
So ein böser Mensch verbleibt
Lieber gänzlich unbeweibt. –
(...)

Knopp-Trilogie

11. Juli

Wie stark einer leidet, ist nicht zu prüfen
auf seine Richtigkeit, da es verschiedene
Dicke der Haut gibt.

*

Erwischtes Laster verzeiht eher
als erwischte Dummheit.

*

Wenigstens Selbstironie sollte der
Sünder haben – also jedermann.

*

Niemand holt sein Wort wieder ein.

Reime und Sprüche

12. Juli

Wer möchte diesen Erdenball
noch fernerhin betreten,
Wenn wir Bewohner überall
Die Wahrheit sagen täten.

Ihr hießet uns, wir hießen euch
Spitzbuben und Halunken,
Wir sagten uns fatales Zeug,
Noch eh wir uns betrunken.

Und überall im weiten Land,
Als langbewährtes Mittel,
Entsproßte aus der Menschenhand
der treue Knotenknittel.

Da lob ich mir die Höflichkeit,
Das zierliche Betrügen.
Du weißt Bescheid, ich weiß Bescheid,
Und allen macht's Vergnügen.

Kritik des Herzens

13. Juli

Künstlers Hoffnung

Armer Künstler hat es sauer,
Doch Erfolg kommt allgemach!
Zeigt sich nur erst ein Beschauer,
Folgen wohl die andern nach.

Hernach

14. Juli

Es sprach der Fritz zu dem Papa:
Was sie nur wieder hat?
Noch gestern sagte mir Mama:
Du fährst mit in die Stadt.

Ich hatte mich schon so gefreut
Und war so voll Pläsier.
Nun soll ich doch nicht mit, denn heut,
Da heißt es: Fritz bleibt hier!

Der Vater saß im Sorgensitz.
Er sagte ernst und still:
Trau Langhals nicht, mein lieber Fritz,
Der hustet, wann er will!

Kritik des Herzens

15. Juli

Befriedigt

Er g'hört, als eines von den Lichtern,
Die höher stets und höher steigen,
Bereits zu unsern besten Dichtern,
Das läßt sich leider nicht verschweigen.

Was weiß man von den Sittenrichtern? –
Er lebt von seiner Frau geschieden,
Hat Schulden, ist nicht immer nüchtern –
Aha, jetzt sind wir schon zufrieden!

Schein und Sein

16. Juli

Glückspilz

Geboren ward er ohne Wehen
Bei Leuten die mit Geld versehen.
Er schwänzt die Schule, lernt nicht viel,
Hat Glück bei Weibern und im Spiel,
Nimmt eine Frau sich, eine schöne,
Erzeugt mit ihr zwei kluge Söhne,
Hat Appetit, kriegt einen Bauch,
Und einen Orden kriegt er auch,
Und stirbt, nachdem er aufgespeichert
Ein paar Milliönchen, hochbetagt;
Obgleich ein jeder weiß und sagt:
Er war mit Dummerjan geräuchert!

Schein und Sein

17. Juli

Der Verdächtige

Trau keinem Filou,
und hätt' er auch beide Augen zu.

Hernach

18. Juli

Zwei Jungfern

Zwei Jungfern gibt es in Dorf und Stadt,
Sie leben beständig im Kriege,
Die Wahrheit, die niemand gerne hat,
Und die charmante Lüge.

Von jener, weil sie stolz und prüd
Und voll moralischer Nücken,
Sucht jeder, der sie nur kommen sieht,
Sich schleunigst wegzudrücken.

Die andre, obwohl ihr nicht zu traun,
Wird täglich beliebter und kecker,
Und wenn wir sie von hinten beschaun,
So hat sie einen Höcker.

Schein und Sein

19. Juli

Dank und Gruß

Ich weiß nicht mehr genau, wie es gekommen.
Kurzum! Nach längerem Verborgensein
Hab' ich dereinst auf Erden Platz genommen,
Um auch einmal am Licht mich zu erfreun,
Und alsogleich faßt mich die Welt beim Kragen
Und hat mich neckisch, ohne viel zu fragen,
Bald gradeaus, bald wiederum im Bogen,
Durch diese bunte Welt hindurchgezogen. (...)

Allein, wozu das peinliche Gegrübel?
Was sichtbar bleibt, ist immerhin nicht übel.
Nun kommt die Nacht. Ich bin bereits am Ziele.
Ganz nahe hör' ich schon die Lethe fließen.
Und sieh! Am Ufer stehen ihrer viele,
Mich, der ich scheide, freundlich zu begrüßen.
Nicht allen kann ich sagen: Das tut gut!
Der Fährmann ruft. Ich schwenke nur den Hut.

Ausgewählte Gedichte

20. Juli

O du, die mir die Liebste war,
Du schläfst nun schon so manches Jahr.
So manches Jahr, das ich allein,
Du gutes Herz, gedenk ich dein.
Gedenk ich dein, von Nacht umhüllt,
So tritt zu mir dein treues Bild.
Dein treues Bild, was ich auch tu,
Es winkt mir ab, es winkt mir zu.
Und scheint mein Wort dir gar zu kühn,
Nicht gut mein Tun,
Du hast mir einst so oft verziehn,
Verzeih auch nun.

Kritik des Herzens

21. Juli

Unbillig

Nahmst du in diesem großen Haus
Nicht selbst Quartier?
Mißfällt es dir, so zieh doch aus.
Wer hält dich hier?

Und schimpfe auf die Welt mein Sohn,
Nicht gar zu laut.
Eh du geboren, hast du schon
Mit dran gebaut.

Schein und Sein

22. Juli

Waldfrevel

Ein hübsches Pärchen ging einmal
Tief in des Waldes Gründe.
Sie pflückte Beeren ohne Zahl,
Er schnitt was in die Rinde.

Der pflichtgetreue Förster sieht's.
Was sind das für Geschichten?
Er zieht sein Buch, er nimmt Notiz
Und wird den Fall berichten.

Schein und Sein

23. Juli

Innerer Wert

Ein kluger Mann verehrt das Schwein;
Er denkt an dessen Zweck.
Von außen ist es ja nicht fein,
Doch drinnen sitzt der Speck.

Hernach

24. Juli

Der alte Förster Püsterich,
Der ging nach langer Pause
Mal wieder auf den Schnepfenstrich
Und brachte auch eine nach Hause.

Als er sie nun gebraten hätt,
Da tät ihn was verdreußen;
Das Tierlein roch wie sonst so nett,
nur konnt er's nicht mehr recht beißen.

Ach ja! so seufzt er wehgemut
Und wischt sich ab die Träne,
Die Nase wär so weit noch gut,
Nur bloß, es fehlen die Zähne.

Kritik des Herzens

25. Juli

Der Asket (I)

Im Hochgebirg vor seiner Höhle
Saß der Asket;
Nur noch ein Rest an Leib und Seele
Infolge äußerster Diät.
Demütig ihm zu Füßen kniet
Ein Jüngling, der sich längst bemüht,
Des strengen Büßers strenge Lehren
Nachdenklich prüfend anzuhören.
Grad schließt der Klausner den Sermon
Und spricht: Bekehre dich, mein Sohn!
Verlaß das böse Weltgetriebe.
Vor allem unterlaß die Liebe,
Denn grade sie erweckt aufs Neue
Das Leben und mit ihm die Reue.
Da schau mich an. Ich bin so leicht,
Fast hab ich schon das Nichts erreicht.
Und bald verschwind ich in das reine
Zeit-, raum- und traumlos Allundeine.
(...)

Zu guter Letzt

26. Juli

Der Asket (II)

Als so der Meister in Ekstase,
Sticht ihn ein Bienchen in die Nase.
Oh, welch ein Schrei!
Und dann das Mienenspiel dabei.
Der Jüngling stutzt und ruft: Was seh ich?
Wer solchermaßen leidensfähig,
Wer so gefühlvoll und empfindlich,
Der, fürcht ich, lebt noch viel zu gründlich.
Und stirbt noch nicht zum letzten Mal.
Mit diesem kühnen Wort empfahl
Der Jüngling sich und stieg hernieder
Ins tiefe Tal und kam nicht wieder.

Zu guter Letzt

27. Juli

Was soll ich nur von eurer Liebe glauben?
Was kriecht ihr immer so in dunkle Lauben?
Wozu das ew'ge Flüstern und Gemunkel?
Das scheinen höchst verdächtige Geschichten.
Und selbst die besten ehelichen Pflichten,
Von allem Tun die schönste Tätigkeit,
In Tempeln von des Priesters Hand geweiht,
Ihr hüllt sie ein in schuldbewußtes Dunkel.

Kritik des Herzens

28. Juli

Sie war ein Blümlein hübsch und fein,
Hell aufgeblüht im Sonnenschein.
Er war ein junger Schmetterling,
Der selig an der Blume hing.
Oft kam ein Bienlein mit Gebrumm
Und nascht und säuselt da herum.
Oft kroch ein Käfer kribbelkrab
Am hübschen Blümlein auf und ab.
Ach Gott, wie das dem Schmetterling
So schmerzlich durch die Sinne ging.
Doch was am meisten ihn entsetzt,
Das Allerschlimmste, kam zuletzt:
Ein alter Esel fraß die ganze
Von ihm so heiß geliebte Pflanze.

Kritik des Herzens

29. Juli

Die alte Sorge

Zwei mal zwei gleich vier ist Wahrheit.
Schade, daß sie leicht und leer ist,
Denn ich wollte lieber Klarheit
Über das, was voll und schwer ist.

Emsig sucht ich aufzufinden,
Was im tiefsten Grunde wurzelt,
Lief umher nach allen Winden
Und bin oft dabei gepurzelt.

Endlich baut ich eine Hütte.
Still nun zwischen ihren Wänden
Sitz ich in der Welten Mitte,
Unbekümmert um die Enden.

Schein und Sein

30. Juli

Drum

Wie dunkel ist der Lebenspfad,
Den wir zu wandeln pflegen.
Wie gut ist da ein Apparat
Zum Denken und Erwägen.

Der Menschenkopf ist voller List
Und voll der schönsten Kniffe;
Er weiß, wo was zu kriegen ist
Und lehrt die rechten Kniffe.

Und weil er sich so nützlich macht,
Behält ihn jeder gerne.
Wer stehlen will, und zwar bei Nacht,
Braucht eine Diebslaterne.

Zu guter Letzt

31. Juli

Da kommt mir eben so ein Freund
Mit einem großen Zwicker.
Ei, ruft er, Freundchen, wie mir scheint,
Sie werden immer dicker.

Ja, ja, man weiß oft selbst nicht wie,
So kommt man in die Jahre;
Pardon, mein Schatz, hier haben Sie
Schon eins, zwei graue Haare! –

Hinaus verdammter Kritikus,
Sonst schmeiß ich dich in Scherben,
Du Schlingel willst mir den Genuß
Der Gegenwart verderben!

Kritik des Herzens

August

1. August

Der Gratulant

Zu spät, mein Lieber!
Der Namenstag ist längst vorüber.

Hernach

2. August

Die Tante winkt, die Tante lacht:
He, Fritz, komm mal herein!
Sieh, welch ein hübsches Brüderlein
Der gute Storch in letzter Nacht
Ganz heimlich der Mama gebracht.
Ei ja, das wird sich freun!
Der Fritz, der sagte kurz und grob:
Ich hol 'n dicken Stein
Und schmeiß ihn an den Kopp!

Kritik des Herzens

3. August

Ein Märchen (I)

Ich weiß ein Märchen hübsch und tief.
Ein Hirtenknabe lag und schlief.
Da sprang heraus aus seinem Mund
Ein Mäuslein auf den Heidegrund.
Das weiße Mäuslein lief sogleich
Nach einem Pferdeschädel bleich,
Der da schon manchen lieben Tag
In Sonnenschein und Regen lag.
Husch! ist das kleine Mäuslein drin,
Läuft hin und her und her und hin,
Besieht sich all die leeren Fächer,
Schaut listig durch die Augenlöcher
Und raschelt so die Kreuz, die Quer
Im alten Pferdekopf umher. –
Auf einmal kommt 'ne alte Kuh,
Stellt sich da hin und macht Hamuh!
Das Mäuslein, welches sehr erschreckt,
Daß da auf einmal wer so blökt,
Springt, hutschi, übern Heidegrund
Und wieder in des Knaben Mund. –
(...)

Kritik des Herzens

4. August

Ein Märchen (II)

Der Knab erwacht und seufzte: Oh,
Wie war ich doch im Traum so froh!
Ich ging in einen Wald hinaus,
Da kam ich vor ein hohes Haus,
Das war ein Schloß von Marmelstein.
Ich ging in dieses Schloß hinein.
Im Schloß sah ich ein Mädchen stehn,
Das war Prinzessin Wunderschön.
Sie lächelt freundlich und bekannt,
Sie reicht mir ihre weiße Hand,
Sie spricht: „Schau her, ich habe Geld,
Und mir gehört die halbe Welt;
Ich liebe dich nur ganz allein,
Du sollst mein Herr und König sein."
Und wie ich fall in ihren Schoß,
Ratuh, kommt ein Trompetenstoß.
Und weg ist Liebchen, Schloß und alles
Infolge des Trompetenschalles.

Kritik des Herzens

5. August

Die Kirmes

(...)
's ist doch ein himmlisches Vergnügen,
Sein rundes Mädel herzukriegen
Und rundherum und auf und nieder
Im schönen Wechselspiel der Glieder
Die ahnungsvolle Kunst zu üben,
Die alle schätzen, welche lieben. –
(...)

Dideldum

6. August

Er stellt sich vor sein Spiegelglas
Und arrangiert noch dies und das.
Er dreht hinaus des Bartes Spitzen,
Sieht zu, wie seine Ringe blitzen,
Probiert auch mal, wie sich das macht,
Wenn er so herzgewinnend lacht,
Übt seines Auges Zauberkraft,
Legt die Krawatte musterhaft,
Wirft einen süßen Scheideblick
Auf sein geliebtes Bild zurück,
Geht dann hinaus zur Promenade,
Umschwebt vom Dufte der Pomade,
Und ärgert sich als wie ein Stint,
Daß andre Leute eitel sind.

Kritik des Herzens

7. August

Peinlich berührt

Im Dorfe wohnt ein Vetter,
Der gut versichert war
Vor Brand und Hagelwetter
Nun schon im zehnten Jahr.

Doch nie seit dazumalen
Ist ein Malheur passiert,
Und so für nichts zu zahlen,
Hat peinlich ihn berührt.

Jetzt, denkt er, überlasse
Dem Glück ich Feld und Haus.
Ich pfeife auf die Kasse.
Und schleunigst trat er aus.

O weh, nach wenig Tagen
Da hieß es: „Zapperment!
Der Weizen ist zerschlagen
Und Haus und Scheune brennt."

Ein Narr hat Glück in Masse,
Wer klug, hat selten Schwein.
Und schleunig in die Kasse
Trat er halt wieder ein.

Schein und Sein

8. August

Der Maus tut niemand was zuleide,
Der Mops ist alter Damen Freude.

Naturgeschichtliches Alphabet

9. August

Die Nachtigall singt wunderschön,
Das Nilpferd bleibt bisweilen stehn.

Naturgeschichtliches Alphabet

10. August

Schreckhaft

Nachdem er am Sonntagmorgen
Vor seinem Spiegel gestanden,
Verschwanden die letzten Sorgen
Und Zweifel, die noch vorhanden.

Er wurde so verwegen,
Daß er nicht länger schwankte.
Er schrieb ihr. Sie dagegen
Erwidert: Nein! Sie dankte.

Der Schreck, den er da hatte,
Hätt' ihn fast umgeschmissen,
Als hätt' ihn eine Ratte
Plötzlich ins Herz gebissen.

Zu guter Letzt

11. August

Wenn ich dereinst ganz alt und schwach,
Und 's ist mal ein milder Sommertag,
So hink ich wohl aus meinem Haus
Bis unter den Lindenbaum hinaus.
Da setz ich mich denn im Sonnenschein
Einsam und still auf die Bank von Stein,
Denk an vergangene Zeiten zurücke
Und schreibe mit meiner alten Krücke
Und mit der alten zitternden Hand

So vor mich in den Sand.

Kritik des Herzens

12. August

Der Kohl (I)

Unter all den hübschen Dingen
In der warmen Sommerzeit
Ist ein Korps von Schmetterlingen
Recht ergötzlich insoweit.

Bist du dann zu deinem Wohle
In den Garten hinspaziert,
Siehst du über deinem Kohle
Muntre Tänze aufgeführt.

Weiß gekleidet und behende
Flattert die vergnügte Schar,
Bis daß Lieb und Lust zu Ende
Wieder mal für dieses Jahr.

Zum getreuen Angedenken,
Auf den Blättern kreuz und quer,
Lassen sie zurück und schenken
Dir ein schönes Raupenheer.
(...)

Zu guter Letzt

13. August

Der Kohl (II)

Leidest du, daß diese Sippe
Weiterfrißt, wie sie begehrt,
Kriegst du nebst dem Blattgerippe
Nur noch Proben ohne Wert.

Also ist es zu empfehlen,
Lieber Freund, daß du dich bückst
Und sehr viele Raupenseelen,
Pitsch, aus ihren Häuten drückst.

Denn nur der ist wirklich weise,
Der auch in die Zukunft schaut.
Denk an deine Lieblingsspeise:
Schweinekopf mit Sauerkraut.

Zu guter Letzt

14. August

Helenchen wächst und wird gescheit
Und trägt bereits ein langes Kleid. –
„Na, Lene! hast du's schon vernommen?
Der Vetter Franz ist angekommen."
So sprach die Tante früh um achte,
Indem sie grade Kaffee macht.
„Und, hörst du, sei fein hübsch manierlich
Und zeige dich nicht ungebührlich,
Und sitz bei Tische nicht so krumm
Und gaffe nicht soviel herum.
Und ganz besonders muß ich bitten:
Das Grüne, was so ausgeschnitten –
Du ziehst mir nicht das Grüne an,
Weil ich's nun mal nicht leiden kann."
(...)

Die fromme Helene

15. August

Willst du das Leben recht verstehn,
Mußt du's nicht bloß von vorn besehn.
Von vorn betrachtet, sieht ein Haus
Meist besser als von hinten aus.

Reime und Sprüche

16. August

Pst

Es gibt ja leider Sachen und Geschichten,
Die reizend und pikant,
Nur werden sie von Tanten und von Nichten
Niemals genannt.

Verehrter Freund, so sei denn nicht vermessen,
Sei zart und schweig auch du.
Bedenk: Man liebt den Käse wohl, indessen
Man deckt ihn zu.

Zu guter Letzt

17. August

Die alte Sorge

Er kriegte Geld. Die Sorge wich,
Die ihn bisher beklommen.
Er hat die Jungfer Fröhlich sich
Zu seinem Schatz genommen.

Sie tranken Wein, sie aßen fein,
Sie sangen zum Klaviere;
Doch wie sie sich so recht erfreun,
Da klopft es an die Türe.

Die alte Sorge war's, o weh,
Die magerste der Sorgen.
Sie setzte sich ins Kanapee
Und wünschte guten Morgen.

Schein und Sein

18. August

Du hast das schöne Paradies verlassen,
Tratst ein in dieses Labyrinthes Gassen,
Verlockt von lieblichen Gestalten,
Die Schale dir und Kranz entgegenhalten;
Und unaufhaltsam zieht's dich weit und weiter.
Wohl ist ein leises Ahnen dein Begleiter,
Ein heimlich Graun, daß diese süßen Freuden
Dich Schritt um Schritt von deiner Heimat scheiden,
Daß Irren Sünde, Heimweh dein Gewissen;
Doch ach, umsonst! Der Faden ist zerrissen.
Hohläugig faßt der Schmerz dich an und warnt,
Du willst zurück, die Seele ist umgarnt.
Vergebens steht ob deinem Haupt der Stern.
Einsam, gefangen, von der Heimat fern,
Ein Sklave, starrst du in des Stromes Lauf
Und hängst an Weiden deine Harfe auf.
Nun fährst du wohl empor, wenn so zuzeiten
Im stillen Mondlicht durch die Saiten
Ein leises wehmutsvolles Klagen geht
Von einem Hauch, der aus der Heimat weht.

Kritik des Herzens

19. August

Wärst du ein Bächlein, ich ein Bach,
So eilt ich dir geschwinde nach.
Und wenn ich dich gefunden hätt'
In deinem Blumenuferbett:
Wie wollt ich mich in dich ergießen
Und ganz mit dir zusammenfließen,
Du vielgeliebtes Mädchen du!
Dann strömten wir bei Nacht und Tage
Vereint in süßem Wellenschlage
Dem Meere zu.

Kritik des Herzens

20. August

Ich meine doch, so sprach er mal,
Die Welt ist recht pläsierlich.
Das dumme Geschwätz von Schmerz und Qual
Erscheint mir ganz ungebührlich.

Mit reinem, kindlichem Gemüt
Genieß ich, was mir beschieden,
Und durch mein ganzes Wesen zieht
Ein himmlischer Seelenfrieden. –

Kaum hat er diesen Spruch getan,
Aujau! so schreit er kläglich.
Der alte hohle Backenzahn
Wird wieder mal unerträglich.

Kritik des Herzens

21. August

Solange Herz und Auge offen,
Um sich am Schönen zu erfreun,
Solange, darf man freudig hoffen,
Wird auch die Welt vorhanden sein.

Reime und Sprüche

22. August

Es ging der fromme Herr Kaplan,
Nachdem er bereits viel Gutes getan,
In stiller Betrachtung der schönen Natur
Einst zur Erholung durch die Flur.
Und als er kam an den Waldessaum,
Da rief der Kuckuck lustig vom Baum:
Wünsch guten Abend, Herr Kollege!
Der Storch dagegen, nicht weit vom Wege,
Steigt in der Wiese auf und ab
Und spricht verdrießlich: Plapperpapp!
Gäb's lauter Pfaffen lobesam,
Ich wäre längst schon flügellahm!
Man sieht, daß selbst der frömmste Mann
Nicht allen Leuten gefallen kann.

Kritik des Herzens

23. August

Wie üblich

Suche nicht apart zu scheinen,
Wandle auf betretnen Wegen.
Meinst du, was die andern meinen,
Kommt man freundlich dir entgegen.

Mancher auf dem Seitensteige
Hat sich im Gebüsch verloren,
Und da schlugen ihm die Zweige
Links und rechts um seine Ohren.

Zu guter Letzt

24. August

Bewaffneter Friede

Ganz unverhofft an einem Hügel
Sind sich begegnet Fuchs und Igel.
Halt, rief der Fuchs, du Bösewicht!
Kennst du des Königs Order nicht?
Ist nicht der Friede längst verkündigt,
Und weißt du nicht, daß jeder sündigt,
Der immer noch gerüstet geht?
Im Namen seiner Majestät,
Geh her und übergib dein Fell.
Der Igel sprach: Nur nicht so schnell.
Laß dir erst deine Zähne brechen,
Dann wollen wir uns weiter sprechen!
Und sogleich macht er sich rund,
schließt seinen dichten Stachelbund
Und trotzt getrost der ganzen Welt,
Bewaffnet, doch als Friedensheld.

Zu guter Letzt

25. August

Du warst noch so ein kleines Mädchen
Von acht, neun Jahren ungefähr,
Da fragtest du mich vertraut und wichtig:
Wo kommen die kleinen Kinder her?

Als ich nach Jahren dich besuchte,
Da warst du schon über den Fall belehrt,
Du hattest die alte vertrauliche Frage
Hübsch praktisch gelöst und aufgeklärt.

Und wieder ist die Zeit vergangen.
Hohl ist der Zahn und ernst der Sinn.
Nun kommt die zweite wichtige Frage:
Wo gehen die alten Leute hin?

Madam, ich habe mal vernommen,
Ich weiß nicht mehr so recht, von wem:
Die praktische Lösung dieser Frage
Sei eigentlich recht unbequem.

Kritik des Herzens

26. August

Denkst du dieses alte Spiel
Immer wieder aufzuführen?
Willst du denn mein Mitgefühl
Stets durch Tränen ausprobieren?

Oder möchtest du vielleicht
Mir des Tanzes Lust versalzen?
Früher hast du's oft erreicht;
Heute werd ich weiter walzen.

Kritik des Herzens

27. August

Die Schändliche

Sie ist ein reizendes Geschöpfchen,
Mit allen Wassern wohl gewaschen;
Sie kennt die süßen Sündentöpfchen
Und liebt es, häufig draus zu naschen.

Da bleibt den sittlich Hochgestellten
Nichts weiter übrig, als mit Freuden
Auf diese Schandperson zu schelten
Und sie mit Schmerzen zu beneiden.

Zu guter Letzt

28. August

Eitelkeit

Ein Töpfchen stand im Dunkeln
An stillverborgener Stelle.
Ha, rief es, wie wollt ich funkeln,
Käm ich nur mal ins Helle.

Ihm geht es wie vielen Narren.
Säß einer auch hinten im Winkel,
So hat er doch seinen Sparren
Und seinen aparten Dünkel.

Schein und Sein

29. August

Selig sind die Auserwählten,
Die sich liebten und vermählten;
Denn sie tragen hübsche Früchte.
Und so wuchert die Geschichte
Sichtbarlich von Ort zu Ort.
Doch die braven Junggesellen,
Jungfern ohne Ehestellen,
Welche ohne Leibeserben
So als Blattgewächse sterben,
Pflanzen sich durch Knollen fort.

Kritik des Herzens

30. August

Gefahr im Verzuge

Wenn das Rhinozeros, das schlimme,
Dich kriegen will in seinem Grimme,
Dann steig auf einen Baum beizeiten,
Sonst hast du Unannehmlichkeiten.

Hernach

31. August

Nicht beleidigt

Willst du gelobt sein, so verzichte
Auf kindlich blödes Wesen.
Entschließ dich, deine himmlischen Gedichte
Den Leuten vorzulesen.

Die Welt ist höflich und gesellig,
Und eh man dich beleidigt,
Sagt wohl ein jeder leicht, was dir gefällig,
Denn keiner ist beeidigt.

Zu guter Letzt

September

1. September

Ich weiß noch, wie er in der Juppe
Als rauhbehaarte Bärenpuppe
Vor seinem vollen Humpen saß
Und hoch und heilig sich vermaß,
Nichts ginge über rechten Durst,
Und Lieb und Ehr wär gänzlich Wurst.

Darauf verging nicht lange Zeit,
Da sah ich ihn voll Seligkeit,
Gar schön gebürstet und gekämmt,
Im neuen Frack und reinem Hemd,
Aus Sankt Micheli Kirche kommen,
Allwo er sich ein Weib genommen.

Nun ist auch wohl, so wie mir scheint,
Die Zeit nicht ferne, wo er meint,
Daß so ein kleines Endchen Ehr
Im Knopfloch gar nicht übel wär.

Kritik des Herzens

2. September

Das traurige Röslein

Ein Röslein war gar nicht munter,
Weil es im Topfe stand,
Sah immer traurig hinunter
Auf die Blumen im freien Land.
Die Blumen nicken und winken.
Wie ist es im Freien so schön
Zu tanzen und Tau zu trinken
Bei lustigem Windeswehn,
Von bunten Schmetterlingen
Umgaukelt, geschmeichelt, geküßt;
Dazwischen der Vöglein Singen
Anmutig zu hören ist.
Wir preisen dich und loben
Dich, fröhliche Sommerzeit;
Ach, Röslein am Fenster droben,
Du tust uns auch gar zu leid.
Da ist ins Land gekommen
Der Winter mit seiner Not.
In Schnee und Eis verklommen
Die Blumen sind alle tot.
Ein Mägdlein hört es stürmen,
Macht fest das Fenster zu.
Jetzt will ich dich pflegen und schirmen,
Du liebes Röslein du.

Schein und Sein

3. September

„Alle Menschen, ausgenommen die Damen", spricht der Weise, „sind mangelhaft!" Dies möge uns ein pädagogischer Wink sein.
(...)

Eduards Traum

4. September

Nichts Schöneres gab's für Tante Lotte
Als schwarze Heidelbeerkompotte.
Doch Huckebein verschleudert nur
Die schöne Gabe der Natur.
(...)

Hans Huckebein

5. September

Ein guter Mensch gibt gerne acht,
Ob auch der andre was Böses macht;
Und strebt durch häufige Belehrung
Nach seiner Beßrung und Bekehrung.
(...)

Die fromme Helene

6. September

Der Orang-Utan ist possierlich,
Der Ochs benimmt sich ungebührlich.

Naturgeschichtliches Alphabet

7. September

Der Papagei hat keine Ohren,
Der Pudel ist meist halb geschoren.

Naturgeschichtliches Alphabet

8. September

Das Quarz sitzt tief in Berges Schacht,
Die Quitte stiehlt man bei der Nacht.

Naturgeschichtliches Alphabet

9. September

Ich sah dich gern im Sonnenschein,
Wenn laut die Vöglein sangen,
Wenn durch die Wangen und Lippen dein
Rosig die Strahlen drangen.

Ich sah dich auch gern im Mondenlicht
Beim Dufte der Jasminen,
Wenn mir dein freundlich Angesicht
So silberbleich erschienen.

Doch, Mädchen, gern hätt' ich dich auch,
Wenn ich dich gar nicht sähe
Und fühlte nur deines Mundes Hauch
In himmlisch warmer Nähe.

Kritik des Herzens

10. September

Auch er

Rührend schöne Herzgeschichten,
Die ihm vor der Seele schweben,
Weiß der Dichter zu berichten.
Wovon aber soll er leben?

Was er fein zusammenharkte,
Sauber eingebundne Werklein,
Führt er eben auch zu Markte
Wie der Bauer seine Ferklein.

Schein und Sein

11. September

Durchweg lebendig

Nirgends sitzen tote Gäste.
Allerorten lebt die Kraft.
Ist nicht selbst der Fels, der feste,
Eine Kraftgenossenschaft?

Durch und durch aus Eigenheiten,
So und so zu sein bestrebt,
Die sich lieben, die sich streiten,
Wird die bunte Welt gewebt.

Hier gelingt es, da mißglückt es.
Wünsche finden keine Rast.
Unterdrücker, Unterdrücktes,
Jedes Ding hat seine Last.

Zu guter Letzt

12. September

Mich wurmt es, wenn ich nur dran denke. –
Es saß zu München in der Schenke
Ein Protz mit dunkelroter Nase
Beim elften oder zwölften Glase.
Da schlich sich kümmerlich heran
Ein armer alter Bettelmann,
Zog vor dem Protzen seinen Hut
Und fleht: Gnä' Herr, ach sein S' so gut!
Der Protz jedoch, fuchsteufelswild,
Statt was zu geben, flucht und schilt:
Gehst raus, du alter Lump, du schlechter!
Nix möcht' er, als grad saufen möcht' er!

Kritik des Herzens

13. September

Der fliegende Frosch

Wenn einer, der mit Mühe kaum
Gekrochen ist auf einen Baum,
Schon meint, daß er ein Vogel wär,
So irrt sich der.

Hernach

14. September

Es saß ein Fuchs im Walde tief.
Da schrieb der Bauer ihm einen Brief:
So und so, er sollte nur kommen,
's wär alles verziehn, was übelgenommen.
Der Hahn, die Hühner, die Gänse ließen
Ihn alle zusammen auch vielmals grüßen.
Und wann ihn dann erwarten sollte
Sein guter, treuer Krischan Bolte.
Drauf schrieb der Fuchs mit Gänseblut:
Kann nicht gut.
Meine Alte mal wieder
Gekommen nieder!
Im übrigen von ganzer Seele
Dein Fuchs in der Höhle.

Kritik des Herzens

15. September

Querkopf

Ein eigner Kerl war Krischan Bolte.
Er tat nicht gerne, was er sollte.
Als Kind schon ist er so gewesen.
Religion, Rechtschreiben und Lesen
Fielen für ihn nicht ins Gewicht:
Er sollte zur Schule und wollte nicht.
Später kam er zu Meister Pfriem.
Der zeigte ihm redlich und sagte ihm,
Jedoch umsonst, was seine Pflicht:
Er sollte schustern und wollte nicht.
Er wollte sich nun mal nicht quälen,
Deshalb verfiel er auf das Stehlen.
Man faßt ihn, stellt ihn vor Gericht:
Er sollte bekennen und wollte nicht.
Trotzdem verdammt man ihn zum Tode.
Er aber blieb nach seiner Mode
Ein widerspenstiger Bösewicht:
Er sollte hängen und wollte nicht.

Zu guter Letzt

16. September

„Helene!" – sprach der Onkel Nolte –
„Was ich schon immer sagen wollte!
Ich warne dich als Mensch und Christ:
Oh, hüte dich vor allem Bösen!
Es macht Pläsier, wenn man es ist,
Es macht Verdruß, wenn man's gewesen!"

„Ja, leider!" – sprach die milde Tante –
„So ging es vielen, die ich kannte!
Drum soll ein Kind die weisen Lehren
Der alten Leute hoch verehren!
Die haben alles hinter sich
Und sind, gottlob, recht tugendlich!"
(...)

Die fromme Helene

17. September

Der Abend ist so mild und schön.
Was hört man da für ein Getön??
   Sei ruhig, Liebchen, das bin ich,
   Dein Dieterich,
   Dein Dieterich singt so inniglich!!
Nun kramst du wohl bei Lampenschein
Herum in deinem Kämmerlein;
Nun legst du ab der Locken Fülle,
Das Oberkleid, die Unterhülle;
Nun kleidest du die Glieder wieder
In reines Weiß und legst dich nieder.
Oh, wenn dein Busen sanft sich hebt,
So denk, daß dich mein Geist umschwebt.
Und kommt vielleicht ein kleiner Floh
   Und krabbelt so –
   Sei ruhig, Liebchen, das bin ich,
   Dein Dieterich.
   Dein Dieterich, der umflattert dich!!
(...)

Knopp-Trilogie

18. September

Gott ja, was gibt es doch für Narren!
Ein Bauer schneidet sich 'n Knarren
Vom trocknen Brot und kaut und kaut.
Dabei hat er hinaufgeschaut
Nach einer Wurst, die still und heiter
Im Rauche schwebt, dicht bei der Leiter.
Er denkt mit heimlichem Vergnügen:
Wenn ick man woll, ick könn di kriegen!

Kritik des Herzens

19. September

Doppelte Freude

Ein Herr warf einem Bettelmann
Fünf Groschen in den Felber.
Das tat dem andern wohl, und dann
Tat es auch wohl ihm selber.

Der eine, weil er gar so gut,
Kann sich von Herzen loben;
Der andre trinkt sich frischen Mut
Und fühlt sich auch gehoben.

Schein und Sein

20. September

Der Knoten

Als ich in Jugendtagen
Noch ohne Grübelei,
Da meint ich mit Behagen,
Mein Denken wäre frei.

Seitdem hab ich die Stirne
Oft auf die Hand gestützt
Und fand, daß im Gehirne
Ein harter Knoten sitzt.

Mein Stolz, der wurde kleiner.
Ich merkte mit Verdruß:
Es kann doch unsereiner
Nur denken wie er muß.

Zu guter Letzt

21. September

Strebsam

Mein Sohn, hast du allhier auf Erden
Dir vorgenommen, was zu werden,
Sei nicht zu keck;
Und denkst du, sei ein stiller Denker.
Nicht leicht befördert wird der Stänker.
Mit Demut salbe deinen Rücken,
Voll Ehrfurcht hast du dich zu bücken,
Mußt heucheln, schmeicheln, mußt dich fügen;
Denn selbstverständlich nur durch Lügen
Kommst du vom Fleck.
O tu's mit Eifer, tu's geduldig,
Bedenk, was du dir selber schuldig.
Das Gönnerherz wird sich erweichen,
Und wohlverdient wirst du erreichen
Den guten Zweck.

Zu guter Letzt

22. September

Zerstörte Hoffnung

Mutter und Sohn mit frohem Gesichte
Gingen zu Markt. – Es sind die Eier
Heuer hübsch teuer,
Das Stück zwei Dreier. –
Perdatsch! Da liegt die ganze Geschichte!

Hernach

23. September

Im Herbst

Der schöne Sommer ging von hinnen,
Der Herbst, der reiche, zog ins Land.
Nun weben all die guten Spinnen
So manches feine Festgewand.

Sie weben zu des Tages Feier
Mit kunstgeübtem Hinterbein
Ganz allerliebste Elfenschleier
Als Schmuck für Wiese, Flur und Hain.

Ja, tausend Silberfäden geben
Dem Winde sie zum leichten Spiel,
Die ziehen sanft dahin und schweben
Ans unbewußt bestimmte Ziel.

Sie ziehen in das Wunderländchen,
Wo Liebe scheu im Anbeginn,
Und leis verknüpft ein zartes Bändchen
Den Schäfer mit der Schäferin.

Zu guter Letzt

24. September

Idiosynkrasie

Der Tag ist grau. Die Wolken ziehn,
Es saust die alte Mühle.
Ich schlendre durch das feuchte Grün
Und denke an meine Gefühle.

Die Sache ist mir nicht genehm.
Ich ärgre mich fast darüber.
Der Müller ist gut; trotz alledem
Ist mir die Müllerin lieber.

Dideldum

25. September

Abschied

Ach, wie eilte so geschwinde
Dieser Sommer durch die Welt.
Herbstlich rauscht es in der Linde,
Ihre Blätter mit dem Winde
Wehen übers Stoppelfeld.
Hörst du in den Lüften klingend
Sehnlich klagend das Kuru?
Wandervögel, flügelschwingend,
Lebewohl der Heimat singend,
Ziehn dem fremden Lande zu.
Morgen muß ich in die Ferne.
Liebes Mädchen, bleib mir gut.
Morgen lebt in der Kaserne,
Daß er exerzieren lerne,
Dein dich liebender Rekrut.

Zu guter Letzt

26. September

Schweigen will ich von Konzerten,
Wo der Kenner hoch entzückt
Mit dem seelenvoll-verklärten
Opernglase um sich blickt,

Wo mit weichem Wogebusen
Man schön warm beisammen sitzt,
Wo der hehre Chor der Musen,
Wo Apollo selber schwitzt.

Schweigen will ich vom Theater,
Wie von da, des Abends spät,
Schöne Mutter, alter Vater
Arm in Arm nach Hause geht.

Zwar man zeuget viele Kinder,
Doch man denket nichts dabei.
Und die Kinder werden Sünder,
Wenn's den Eltern einerlei.

Die fromme Helene

27. September

Liebe – sagt man schön und richtig –
Ist ein Ding, was äußerst wichtig.
Nicht nur zieht man in Betracht,
Was man selber damit macht,
Nein, man ist in solchen Sachen
Auch gespannt, was andre machen. –
(...)

Knopp-Trilogie

28. September

Das weiß ein jeder, wer's auch sei,
Gesund und stärkend ist das Ei –
Nicht nur in allerlei Gebäck,
Wo es bescheiden im Versteck;
Nicht nur in Soßen ist's beliebt,
Weil es denselben Rundung gibt;
Nicht eben dieserhalben nur –
Nein, auch in leiblicher Statur,
Gerechtermaßen abgesotten,
Zu Pellkartoffeln, Butterbroten,
Erregt dasselbe fast bei allen
Ein ungeteiltes Wohlgefallen;
Und jeder rückt den Stuhl herbei
Und spricht: „Ich bitte um ein Ei!" –
(...)

Der Geburtstag

29. September

Es saß in meiner Knabenzeit
Ein Fräulein jung und frisch
In ausgeschnittnem grünem Kleid
Mir vis-à-vis bei Tisch.

Und wie's denn so mit Kindern geht,
Sehr frömmig sind sie nie,
Ach, dacht ich oft beim Tischgebet,
Wie schön ist doch Marie!

Kritik des Herzens

30. September

Die Kleinsten

Sag Atome, sage Stäubchen.
Sind sie auch unendlich klein,
Haben sie doch ihre Leibchen
Und die Neigung, da zu sein.

Haben sie auch keine Köpfchen,
Sind sie doch voll Eigensinn.
Trotzig spricht das Zwerggeschöpfchen:
Ich will sein, so wie ich bin

Suche nur, sie zu bezwingen,
Stark und findig, wie du bist.
Solch ein Ding hat seine Schwingen,
Seine Kraft und seine List.

Kannst du auch aus ihnen schmieden
Deine Rüstung als Despot,
Schließlich wirst du doch ermüden,
Und dann heißt es: er ist tot.

Zu guter Letzt

Oktober

1. Oktober

Sahst du das wunderbare Bild von Brouwer?
Es zieht dich an wie ein Magnet.
Du lächelst wohl, derweil ein Schreckensschauer
Durch deine Wirbelsäule geht.

Ein kühler Doktor öffnet einem Manne
Die Schwäre hinten im Genick;
Daneben steht ein Weib mit Kanne,
Vertieft in dieses Mißgeschick.

Ja, alter Freund, wir haben unsre Schwäre
Meist hinten. Und voll Seelenruh
Drückt sie ein andrer auf. Es rinnt die Zähre,
Und fremde Leute sehen zu.

Kritik des Herzens

2. Oktober

Verstand und Leidenschaft

Es ist ein recht beliebter Bau.
Wer wollte ihn nicht loben?
Drin wohnt ein Mann mit seiner Frau,
Sie unten und er oben.

Er, als ein schlaugewiegter Mann,
Hält viel auf weise Lehren,
Sie, ungestüm und drauf und dran,
Tut das, was ihr Begehren.

Sie läßt ihn reden und begeht,
Blind, wie sie ist, viel Wüstes,
Und bringt sie das in Schwulität,
Na, sagt er kühl, da siehst es.

Vereinen sich jedoch die zwei
Zu traulichem Verbande,
Dann kommt die schönste Lumperei
Hübsch regelrecht zustande.

So geht's in diesem Hause her.
Man möchte fast erschrecken.
Auch ist's beweglich, aber mehr
Noch als das Haus der Schnecken.

Zu guter Letzt

3. Oktober

Ferne Berge seh ich glühen!
Unruhvoller Wandersinn!
Morgen will ich weiterziehen,
Weiß der Teufel, wohin!

Ja, ich will mich nur bereiten,
Will – was hält mich nur zurück?
Nichts wie dumme Kleinigkeiten!
Zum Exempel, dein Blick!

Kritik des Herzens

4. Oktober

Viel Freude macht, wie männiglich bekannt,
Für Mann und Weib der heilige Ehestand!
Und lieblich ist es für den Frommen,
Der die Genehmigung dazu bekommen,
Wenn er sodann nach der üblichen Frist
Glücklicher Vater und Mutter ist. –
– Doch manchmal ärgert man sich bloß,
Denn die Ehe bleibt kinderlos. –
(…)

Die fromme Helene

5. Oktober

Der Rehbock scheut den Büchsenknall,
Die Ratt' gedeihet überall.

Naturgeschichtliches Alphabet

6. Oktober

Der Steinbock lange Hörner hat,
Auch gibt es Schweine in der Stadt.

Naturgeschichtliches Alphabet

7. Oktober

Die Turteltaube Eier legt,
Der Tapir nachts zu schlafen pflegt.

Naturgeschichtliches Alphabet

8. Oktober

Wie der Wind in Trauerweiden
Tönt des frommen Sängers Lied,
Wenn er auf die Lasterfreuden
In den großen Städten sieht.

Ach, die sittenlose Presse!
Tut sie nicht zu früher Stund
All die sündlichen Exzesse
Schon den Bürgersleuten kund?

Offenbach ist im Thalia,
Hier sind Bälle, da Konzerte.
Annchen, Hannchen und Maria
Hüpft von Freuden schon das Herz.

Kaum trank man die letzte Tasse,
Putzt man schon den ird'schen Leib.
Auf dem Walle, auf der Gasse
Wimmelt man zum Zeitvertreib.

Wie sie schauen, wie sie grüßen!
Hier die zierlichen Mosjös,
Dort die Damen mit den süßen,
Himmlisch hohen Prachtpopös.
(...)

Die fromme Helene

9. Oktober

Es flog einmal ein muntres Fliegel
Zu einem vollen Honigtiegel.
Da tunkt es mit Zufriedenheit
Den Rüssel in die Süßigkeit.
Nachdem es dann genug geschleckt,
Hat es die Flügel ausgereckt
Und möchte sich nach oben schwingen.
Allein das Bein im Honigseim
Sitzt fest als wie in Vogelleim.
Nun fängt das Fliegel an zu singen:
Ach, lieber Himmel, mach mich frei
Aus dieser süßen Sklaverei!
Ein Freund von mir, der dieses sah,
Der seufzte tief und rief: Ja, ja!

Kritik des Herzens

10. Oktober

Die Unbeliebte

Habt ihr denn wirklich keinen Schimmer
Von Angst, daß ihr noch ruhig schlaft?
Wird denn in dieser Welt nicht immer
Das Leben mit dem Tod bestraft?

Ihr lebt vergnügt, trotz dem Verhängnis,
Das näher stets und näher zieht,
So stiehlt der Dieb, dem das Gefängnis
Und später gar der Galgen blüht.

Hör auf, entgegnet frech die Jugend,
Du altes Jammerinstrument.
Man merkt es gleich: du bist die Tugend,
Die keinem sein Vergnügen gönnt.

Zu guter Letzt

11. Oktober

Ihr kennt ihn doch schon manches Jahr,
Wißt, was er für ein Vogel war;
Wie er in allen Gartenräumen
Herumgeflattert auf den Bäumen;

Wie er die hübschen roten Beeren,
Die andern Leuten zugehören,
Mit seinem Schnabel angepickt
Und sich ganz lasterhaft erquickt.

Nun hat sich dieser böse Näscher,
Gardinenschleicher, Mädchenhäscher,
Der manchen Biedermann gequält,
Am Ende selber noch vermählt.

Nun legt er seine Stirn in Falten,
fängt eine Predigt an zu halten
Und möchte uns von Tugend schwatzen.

Ei, so ein alter Schlingel! Kaum
Hat er 'nen eignen Kirschenbaum,
So schimpft er auf die Spatzen.

Kritik des Herzens

12. Oktober

Der Schadenfrohe

Ein Dornstrauch stand im Wiesental
An einer Stiege, welche schmal,
Und ging vorüber irgendwer,
Den griff er an und kratzte er.
Ein Lämmlein kam dahergehupft.
Das hat er ebenfalls gerupft.
Es sieht ihn traurig an und spricht:
Du brauchst doch meine Wolle nicht
Und niemals tat ich dir ein Leid.
Weshalb zerrupfst du denn mein Kleid?
Es tut mir weh und ist auch schad.
Ei, rief der Freche, darum grad.

Zu guter Letzt

13. Oktober

Empfehlung

Du bist nervös. Drum lies doch mal
Das Buch, das man dir anempfahl.
Es ist beinah wie eine Reise
Im alten, wohlbekannten Gleise.
Der Weg ist grad und flach das Land,
Rechts, links und unten nichts wie Sand.
Kein Räderlärm verbittert dich,
Kein harter Stoß erschüttert dich,
Und bald umfängt dich sanft und kühl
Ein Kaumvorhandenheitsgefühl.
Du bis behaglich eingenickt.
Dann, wenn du angenehm erquickt,
Kehrst du beim „stillen Wirte" ein.
Da gibt es weder Bier noch Wein.
Du schlürfst ein wenig Apfelmost,
Ißt eine leichte Löffelkost
Mit wenig Fett und vieler Grütze,
Gehst früh zu Bett in spitzer Mütze
Und trinkst zuletzt ein Gläschen Wasser.
Schlaf wohl und segne den Verfasser!

Schein und Sein

14. Oktober

Laß doch das ew'ge Fragen,
Verehrter alter Freund.
Ich will von selbst schon sagen,
was mir vonnöten scheint.

Du sagst vielleicht dagegen:
Man fragt doch wohl einmal.
Gewiß! Nur allerwegen
Ist mir's nicht ganz egal.

Bei deinem Fragestellen
Hat eines mich frappiert:
Du fragst so gern nach Fällen,
Wobei ich mich blamiert.

Kritik des Herzens

15. Oktober

Plaudertasche

Du liebes Plappermäulchen,
Bedenk dich erst ein Weilchen
Und sprich nicht so geschwind.
Du bist wie unsre Mühle
Mit ihrem Flügelspiele
Im frischen Sausewind.

Solang der Müller tätig
Und schüttet auf, was nötig,
Geht alles richtig zu;
Doch ist kein Korn darinnen,
Dann kommt das Werk von Sinnen
Und klappert so wie du.

Zu guter Letzt

16. Oktober

Wenn alles sitzen bliebe,
Was wir in Haß und Liebe
So voneinander schwatzen;
Wenn Lügen Haare wären,
Wir wären rauh wie Bären
Und hätten keine Glatzen.

Kritik des Herzens

17. Oktober

Sei ein braver Biedermann,
Fange tüchtig an zu loben!
Und du wirst von uns sodann
Gerne mit emporgehoben.

Wie, du ziehst ein schiefes Maul?
Willst nicht, daß dich andre adeln?
Na, denn sei mir nur nicht faul
Und verlege dich aufs Tadeln.

Gelt, das ist ein Hochgenuß,
Schwebst du so mit Wohlgefallen
Als ein sel'ger Kritikus
Hocherhaben über allen.

Kritik des Herzens

18. Oktober

Rechthaber

Seine Meinung ist die rechte,
Wenn er spricht, müßt ihr verstummen,
Sonst erklärt er euch für Schlechte
Oder nennt euch gar die Dummen.

Leider sind dergleichen Strolche
Keine seltene Erscheinung.
Wer nicht taub, der meidet solche
Ritter von der eignen Meinung.

Schein und Sein

19. Oktober

Daneben

Stoffel hackte mit dem Beile.
Dabei tat er sich sehr wehe,
Denn er traf in aller Eile
Ganz genau die große Zehe.

Ohne jedes Schmerzgewimmer,
Nur mit Ruh, mit einer festen,
Sprach er: Ja, ich sag es immer,
Nebenzu trifft man am besten.

Zu guter Letzt

20. Oktober

Es kam ein Lump mir in die Quer
Und hielt den alten Felbel her.
Obschon er noch gesund und stark,
Warf ich ihm dennoch eine Mark
Recht freundlich in den Hut hinein.
Der Kerl schien Philosoph zu sein.
Er sprach mit ernstem Bocksgesicht:
Mein Herr, Sie sehn, ich danke nicht.
Das Danken bin ich nicht gewohnt.
Ich nehme an, Sie sind gescheit
Und fühlen sich genug belohnt
Durch Ihre Eitelkeit.

Kritik des Herzens

21. Oktober

Sehr tadelnswert ist unser Tun,
Wir sind nicht brav und bieder. –
Gesetzt den Fall, es käme nun
Die Sündflut noch mal wieder.

Das wäre ein Zappeln und Geschreck!
Wir tauchten alle unter;
Dann kröchen wir wieder aus dem Dreck
Und wären, wie sonst, recht munter.

Kritik des Herzens

22. Oktober

Bös und gut

Wie kam ich nur aus jenem Frieden
Ins Weltgetös?
Was einst vereint, hat sich geschieden,
Und das ist bös.

Nun bin ich nicht geneigt zum Geben,
Nun heißt es: Nimm!
Ja, ich muß töten, um zu leben,
Und das ist schlimm.

Doch eine Sehnsucht bleibt zurücke,
Die niemals ruht.
Sie zieht mich heim zum alten Glücke,
Und das ist gut.

Schein und Sein

23. Oktober

Unfrei

Ganz richtig, diese Welt ist nichtig.
Auch du, der in Person erscheint,
Bist ebenfalls nicht gar so wichtig,
Wie deine Eitelkeit vermeint.

Was hilft es dir, damit zu prahlen,
Daß du ein freies Menschenkind?
Mußt du nicht pünktlich Steuern zahlen,
Obwohl sie dir zuwider sind? ...

Lang bleibst du überhaupt nicht munter.
Das Alter kommt und zieht dich krumm
Und stößt dich rücksichtslos hinunter
Ins dunkle Sammelsurium.

Daselbst umfängt dich das Gewimmel
Der Unsichtbaren, wie zuerst,
Eh du erschienst, und nur der Himmel
Weiß, ob und wann du wiederkehrst.

Schein und Sein

24. Oktober

Ich kam in diese Welt herein,
Mich baß zu amüsieren,
Ich wollte gern was Rechtes sein
Und mußte mich immer genieren.
Oft war ich hoffnungsvoll und froh,
Und später kam es doch nicht so.

Nun lauf ich manchen Donnerstag
Hienieden schon herummer,
Wie ich mich drehn und wenden mag,
's ist immer der alte Kummer.
Bald klopft vor Schmerz und bald vor Lust
Das rote Ding in meiner Brust.

Kritik des Herzens

25. Oktober

Wie wär es, hochverehrte Freunde,
Wenn man im Namen der Gemeinde
Ein Dutzend Flaschen oder so – –
„Ja, ja, man to! Ja, ja, man to!!"

So tönt es laut in trautem Kreise
Der Männer und der Mümmelgreise.
Und jeder ruft: „He, Mutter Köhmen!
Up düt will wi noch einen nöhmen!!"
Gesagt, getan. – Für Mutter Köhm
War dies natürlich angenehm.

Der Geburtstag

26. Oktober

Lache nicht

Lache nicht, wenn mit den Jahren
Lieb und Freundlichkeit vergehen;
Was Paulinchen ist geschehen,
Kann auch dir mal widerfahren.

Sieh nur, wie verändert hat sich
Unser guter Küchenbesen.
Er, der sonst so weich gewesen,
Ist jetztunder stumpf und kratzig.

Zu guter Letzt

27. Oktober

Vor Jahren waren wir mal entzweit
Und taten uns manches zum Torte;
Wir sagten uns beide zu jener Zeit
Viel bitterböse Worte.

Drauf haben wir uns ineinander geschickt;
Wir schlossen Frieden und haben
Die bitterbösen Worte erstickt
Und fest und tief begraben.

Jetzt ist es wirklich recht fatal,
Daß wieder ein Zwist notwendig.
O weh! Die Worte von dazumal,
Die werden nun wieder lebendig.

Die kommen nun erst in offnen Streit
Und fliegen auf alle Dächer;
Nun bringen wir sie in Ewigkeit
Nicht wieder in ihre Löcher.

Kritik des Herzens

28. Oktober

Tröstlich

Die Lehre von der Wiederkehr
Ist zweifelhaften Sinns
Es fragt sich sehr, ob man nachher
Noch sagen kann: Ich bin's.

Allein was tut's, wenn mit der Zeit
Sich ändert die Gestalt?
Die Fähigkeit zu Lust und Leid
Vergeht wohl nicht so bald.

Schein und Sein

29. Oktober

Du fragtest mich früher nach mancherlei.
Ich sagte dir alles frank und frei.
Du fragtest, wann ich zu reisen gedächte,
Welch ein Geschäft ich machen möchte.
Ich sagte dir offen: Dann und dann;
Ich gab dir meine Pläne an.
Oft hat die Reise mir nicht gepaßt;
Dann nanntest du mich n' Quirlequast.
Oft ging's mit dem Geschäfte krumm;
Dann wußtest du längst, es wäre dumm.
Oft kamst du mir auch mit List zuvor;
Dann schien ich mir selber ein rechter Tor.
Nun hab ich, weil mich dieses gequält,
Mir einen hübschen Ausweg erwählt.
Ich rede, wenn ich reden soll,
Und lüge dir die Jacke voll.

Kritik des Herzens

30. Oktober

Nachruhm

Ob er gleich von hinnen schied,
ist er doch geblieben,
Der so manches schöne Lied
Einst für uns geschrieben.

Unser Mund wird ihn entzückt
Lange noch erwähnen,
Und so lebt er hochbeglückt
Zwischen hohlen Zähnen.

Zu guter Letzt

31. Oktober

In trauter Verborgenheit

Ade, ihr Sommertage,
Wie seid ihr so schnell enteilt,
Gar mancherlei Lust und Plage
Habt ihr uns zugeteilt.
Wohl war es ein Entzücken,
Zu wandeln im Sonnenschein,
Nur die verflixten Mücken
Mischten sich immer darein.
Und wenn wir auf Waldeswegen
Dem Sange der Vögel gelauscht,
Dann kam natürlich ein Regen
Auf uns herniedergerauscht.
Die lustigen Sänger haben
Nach Süden sich aufgemacht,
Bei Tage krächzen die Raben,
Die Käuze schreien bei Nacht.
Was ist das für ein Gesause!
Es stürmt bereits und schneit.
Da bleiben wir zwei zu Hause
In trauter Verborgenheit.
Kein Wetter kann uns verdrießen.
Mein Liebchen, ich und du,
Wir halten uns warm und schließen
Hübsch feste die Türen zu.

Schein und Sein

November

1. November

Die Liebe war nicht geringe.
Sie wurden ordentlich blaß;
Sie sagten sich tausend Dinge
Und wußten noch immer was.

Sie mußten sich lange quälen,
Doch schließlich kam's dazu,
Daß sie sich konnten vermählen.
Jetzt haben die Seelen Ruh.

Bei eines Strumpfes Bereitung
Sitzt sie im Morgenhabit;
Er liest in der Kölnischen Zeitung
Und teilt ihr das Nötige mit.

Kritik des Herzens

2. November

Kinder, in ihrer Einfalt, fragen immer und immer:
Warum? Der Verständige tut das nicht mehr;
denn jedes Warum, das weiß er längst, ist nur der Zipfel
eines Fadens, der in den dicken Knäuel
der Unendlichkeit ausläuft, mit dem keiner recht
fertig wird, er mag wickeln und haspeln
soviel er nur will.
(...)

Der Schmetterling

3. November

*Der reinliche Swinegel
oder irregeleitete Sauberkeit*

„Dat Ding is weech!" sagte der Bauer, als er zum Stadtbäcker kam und einen zur Abkühlung vor die Tür gestellten Quarkkuchen für den Strohteller oder Abtreter hielt.

Fliegende Blätter

4. November

Trübe Aussicht

Nein, höre mal! – so sprach mein Vetter –
Es wirkt doch nicht erhebend aufs Gemüt,
Wenn man bei Regenwetter

So etwas sieht.

Dideldum

5. November

Die Unke schreit im Sumpfe kläglich,
Der Uhu schläft zwölf Stunden täglich.

Naturgeschichtliches Alphabet

6. November

Das Vieh sich auf der Weide tummelt,
Der Vampir nachts die Luft durchbummelt.

Naturgeschichtliches Alphabet

7. November

Der Walfisch stört des Herings Frieden,
Des Wurmes Länge ist verschieden.

Naturgeschichtliches Alphabet

8. November

Die Zwiebel ist der Juden Speise,
Das Zebra trifft man stellenweise.

Naturgeschichtliches Alphabet

9. November

Kennt der Kerl denn keine Gnade?
Soll er uns mit seiner Suade,
Durch sein breites Explizieren,
Schwadronieren, Disputieren,
Soll er uns denn stets genieren,
Dieser säuselnde Philister,
Beim Genuß des edlen Weins?
Pump ihn an, und plötzlich ist er
Kurz und bündig wie Glock eins.

Kritik des Herzens

10. November

Wie andre, ohne viel zu fragen,
Ob man hier oben mich gebraucht,
So bin auch ich zu Lust und Plagen
Im Strom der Dinge aufgetaucht.
Geduld! Nach wenigen Minuten
Versink ich wieder in den Fluten.

Ausgewählte Gedichte

11. November

Hinten herum

Ein Mensch, der etwas auf sich hält,
Bewegt sich gern in feiner Welt;
Denn erst in weltgewandten Kreisen
Lernt man die rechten Redeweisen,
Verbindlich, aber zugespitzt
Und treffend, wo die Schwäre sitzt.
Es ist so wie mit Rektor Knaut,
Der immer lächelt, wenn er haut.
Auch ist bei Knaben weit berüchtigt
Das Instrument, womit er züchtigt.
Zu diesem Zweck bedient er nämlich,
Als für den Sünder hochbekömmlich,
Sich einer schlanken Haselgerte,
Zwar biegsam, doch nicht ohne Härte.
Die sich, von rascher Hand bewegt,
Geschmeidig um die Hüfte legt.
Nur wer es fühlte, der begreift es:
Vorn schlägt er zu, und hinten kneift es.

Zu guter Letzt

12. November

Wer Bildung und Moral besitzt,
Der wird bemerken, daß anitzt
Fast nirgends mehr zu finden sei
Die sogenannte Lieb und Treu. –

Man sieht zuerst mit Angstgefühlen
Herunterfallen von den Stühlen
Die angestammten Landesväter –
Sodann, als kühler Hochverräter,
Zieht man die Tobaksdos' hervor,
Blickt sanft und seelenvoll empor,
Streckt sich auf weichem Kanapee,
Schlürft mit Behagen den Kaffee –
Und ist man so aufs neu erfrischt,
Dann denkt man: „Na, die hat's erwischt!"

So denkt der böse Mensch. – Jedoch
Es gibt auch gute Menschen noch. –
(...)

Der Geburtstag

13. November

Seelenwanderung

Wohl tausendmal schon ist er hier
Gestorben und wieder geboren,
Sowohl als Mensch wie auch als Tier,
Mit kurzen und langen Ohren.

Jetzt ist er ein armer blinder Mann,
Es zittern ihm alle Glieder,
Und dennoch, wenn er nur irgend kann,
Kommt er noch tausendmal wieder.

Zu guter Letzt

14. November

Die Rose sprach zum Mägdelein:
Ich muß dir ewig dankbar sein,
Daß du mich an den Busen drückst
Und mich mit deiner Hand beglückst.

Das Mägdlein sprach: O Röslein mein,
Bild dir nur nicht zuviel drauf ein,
Daß du mir Aug und Herz entzückst.
Ich liebe dich, weil du mich schmückst.

Kritik des Herzens

15. November

Wirklich, er war unentbehrlich!
Überall, wo was geschah
Zu dem Wohle der Gemeinde,
Er war tätig, er war da.

Schützenfest, Kasinobälle,
Pferderennen, Preisgericht,
Liedertafel, Spritzenprobe,
Ohne ihn, da ging es nicht.

Ohne ihn war nichts zu machen,
Keine Stunde hatt' er frei.
Gestern, als sie ihn begruben,
war er richtig auch dabei.

Kritik des Herzens

16. November

Die Selbstkritik hat viel für sich.
Gesetzt den Fall, ich tadle mich,
So hab' ich erstens den Gewinn,
Daß ich so hübsch bescheiden bin;
Zum zweiten denken sich die Leut,
Der Mann ist lauter Redlichkeit;
Auch schnapp' ich drittens deren Bissen,
Vorweg den andern Kritiküssen;
Und viertens hoff' ich außerdem
Auf Widerspruch, der mir genehm.
So kommt es denn zuletzt heraus,
Daß ich ein ganz famoses Haus.

Kritik des Herzens

17. November

Immerfort

Das Sonnenstäubchen fern im Raume,
Das Tröpfchen, das im Glase blinkt,
Das dürre Blättchen, das vom Baume
Im Hauch des Windes niedersinkt –

Ein jedes wirkt an seinem Örtchen
Still weiter, wie es muß und mag,
Ja, selbst ein leises Flüsterwörtchen
Klingt fort bis an den jüngsten Tag.

Schein und Sein

18. November

Glaube

Stark in Glauben und Vertrauen,
Von der Burg mit festen Türmen
Kannst du dreist herniederschauen,
Keiner wird sie je erstürmen.

Laß sie graben, laß sie schanzen,
Stolze Ritter, grobe Bauern,
Ihre Flegel, ihre Lanzen
Prallen ab von deinen Mauern.

Aber hüte dich vor Zügen
In die Herrschaft des Verstandes,
Denn sogleich sollst du dich fügen
Den Gesetzen seines Landes.

Bald umringen dich die Haufen,
Und sie ziehen dich vom Rosse,
Und du mußt zu Fuße laufen
Schleunigst heim von deinem Schlosse.

Zu guter Letzt

19. November

Beiderseits

Frau Welt, was ist das nur mit Euch?
Herr Walter sprach's, der alte.
Ihr werdet grau und faltenreich
Und traurig von Gestalte.

Frau Welt darauf erwidert schnipp'sch:
Mein Herr, seid lieber stille!
Ihr scheint mir auch nicht mehr so hübsch
Mit Eurer schwarzen Brille.

Zu guter Letzt

20. November

Die Welt

Es geht ja leider nur soso
Hier auf der Welt, sprach Salomo.
Dies war verzeihlich. Das Geschnatter
Von tausend Frauen, denn die hatt' er,
Macht auch den Besten ungerecht.
Uns aber geht es nicht so schlecht.
Wer, wie es Brauch in unsern Tagen,
Nur eine hat, der soll nicht sagen
Und klagen, was doch mancher tut:
Ich bin für diese Welt zu gut.
Selbst wem es fehlt an dieser einen,
Der braucht darob nicht gleich zu weinen
Und sich kopfüber zu ertränken.
Er hat, das mag er wohl bedenken,
Am Weltgebäude mitgezimmert
Und allerlei daran verschlimmert.
Und wenn er so in sich gegangen,
Gewissenhaft und unbefangen,
Dann kusch er sich und denke froh:
Gottlob, ich bin kein Salomo;
Die Welt, obgleich sie wunderlich,
Ist mehr als gut genug für mich.

Zu guter Letzt

21. November

Wiedergeburt

Wer nicht will, wird nie zunichte,
Kehrt beständig wieder heim.
Frisch herauf zum alten Lichte
Dringt der neue Lebenskeim.

Keiner fürchte zu versinken,
Der ins tiefe Dunkel fährt.
Tausend Möglichkeiten winken
Ihm, der gerne wiederkehrt.

Dennoch sah ich dich erbeben,
Eh du in die Urne langst.
Weil dir bange vor dem Leben,
hast du vor dem Tode Angst.

Schein und Sein

22. November

Es wohnen die hohen Gedanken
In einem hohen Haus.
Ich klopfte, doch immer hieß es:
Die Herrschaft fuhr eben aus!

Nun klopf ich ganz bescheiden
Bei kleineren Leuten an.
Ein Stückel Brot, ein Groschen,
Ernähren auch ihren Mann.

Kritik des Herzens

23. November

Seid mir nur nicht gar zu traurig,
Daß die schöne Zeit entflieht,
Daß die Welle kühl und schaurig
Uns in ihre Wirbel zieht;

Daß des Herzens süße Regung,
Daß der Liebe Hochgenuß
Jene himmlische Bewegung,
Sich zur Ruh begeben muß.

Laßt uns lieben, singen, trinken,
Und wir pfeifen auf die Zeit;
Selbst ein leises Augenwinken
Zuckt durch alle Ewigkeit.

Kritik des Herzens

24. November

Befriedigt

Gehorchen wird jeder mit Genuß
Den Frauen, den hochgeschätzten,
Hingegen machen uns Verdruß
Die sonstigen Vorgesetzten.

Nur wenn ein kleines Mißgeschick
Betrifft den Treiber und Leiter,
Dann fühlt man für den Augenblick
Sich sehr befriedigt und heiter.

Als neulich am Sonntag der Pastor
Eine peinliche Pause machte,
Weil er den Faden der Rede verlor,
Da duckt sich der Küster und lachte.

Zu guter Letzt

25. November

Unverbesserlich

Wer Bildung hat, der ist empört,
Wenn er so schrecklich fluchen hört.
Dies „Nasowoltich", die „Parblö",
Dies ewige „Ojemine",
Dies „Eipotztausendnocheinmal",
Ist das nicht eine Ohrenqual?
Und gar „Daßdichdasmäusleinbeiß",
Da wird mir's immer kalt und heiß.
Wie oft wohl sag ich: Es ist häßlich,
Ist unanständig, roh und gräßlich.
Ich bitt und flehe: Laßt es sein,
Denn es ist sündlich. Aber nein,
Vergebens ring ich meine Hände,
Die Flucherei nimmt doch kein Ende.

Zu guter Letzt

26. November

Gründer

Geschäftig sind die Menschenkinder,
Die große Zunft von kleinen Meistern,
Als Mitbegründer, Miterfinder
Sich diese Welt zurechtzukleistern.

Nur leider kann man sich nicht einen,
Wie man das Ding am besten mache.
Das Bauen mit belebten Steinen
Ist eine höchst verzwickte Sache.

Welch ein Gedrängel und Getriebe
Von Lieb und Haß bei Nacht und Tage,
Und unaufhörlich setzt es Hiebe,
Und unaufhörlich tönt die Klage.

Gottlob, es gibt auch stille Leute,
Die meiden dies Gefühl und hassen's
Und bauen auf der andern Seite
Sich eine Welt des Unterlassens.

Schein und Sein

27. November

Ich saß vergnüglich bei dem Wein
Und schenkte eben wieder ein.
Auf einmal fuhr mir in die Zeh
Ein sonderbar pikantes Weh.
Ich schob mein Glas sogleich beiseit
Und hinkte in die Einsamkeit
Und wußte, was ich nicht gewußt:
Der Schmerz ist Herr und Sklavin die Lust.

Kritik des Herzens

28. November

Laß ihn

Er ist verliebt, laß ihn gewähren,
Bekümmre dich um dein Pläsier,
Und kommst du gar, ihn zu bekehren,
Wirft er dich sicher vor die Tür.

Mit Gründen ist da nichts zu machen.
Was einer mag, ist seine Sach,
Denn kurz gesagt: In Herzenssachen
Geht jeder seiner Nase nach.

Schein und Sein

29. November

Der alte Narr

Ein Künstler auf dem hohen Seil,
Der alt geworden mittlerweil,
Stieg eines Tages vom Gerüst
Und sprach: Nun will ich unten bleiben
Und nur noch Hausgymnastik treiben,
Was zur Verdauung nötig ist.
Da riefen alle: O wie schad!
Der Meister scheint doch allnachgrad
Zu schwach und steif zum Seilbesteigen!
Ha! denkt er, dieses wird sich zeigen!
Und richtig, eh der Markt geschlossen,
Treibt er aufs neu die alten Possen
Hoch in der Luft, und zwar mit Glück,
Bis auf ein kleines Mißgeschick.
Er fiel herab in großer Eile
Und knickte sich die Wirbelsäule.
Der alte Narr! Jetzt bleibt er krumm!
So äußert sich das Publikum.

Zu guter Letzt

30. November

Wenn mir mal ein Malheur passiert,
Ich weiß, so bist du sehr gerührt.
Du denkst, es wäre doch fatal,
Passierte dir das auch einmal.
Doch weil das böse Schmerzensding
Zum Glück an dir vorüberging,
So ist die Sache andrerseits
Für dich nicht ohne allen Reiz.
Du merkst, daß die Bedauerei
So eine Art von Wonne sei.

Kritik des Herzens

Dezember

1. Dezember

Hoch verehr ich ohne Frage
Dieses gute Frauenzimmer.
Seit dem segensreichen Tage,
Da ich sie zuerst erblickt,
Hat mich immer hoch entzückt
Ihre rosenfrische Jugend,
Ihre Sittsamkeit und Tugend
Und die herrlichen Talente.
Aber dennoch denk ich immer,
Daß es auch nicht schaden könnte,
Wäre sie ein bissel schlimmer.

Kritik des Herzens

2. Dezember

Als er noch krause Locken trug,
War alles ihm zu dumm,
Stolziert daher und trank und schlug
Sich mit den Leuten herum.

Die hübschen Weiber schienen ihm
Ein recht beliebtes Spiel;
An Seraphim und Cherubim
Glaubt er nicht sonderlich viel.

Jetzt glaubt er, was der Pater glaubt,
Blickt nur noch niederwärts,
Hat etwas Haar am Hinterhaupt
Und ein verprömmeltes Herz.

Kritik des Herzens

3. Dezember

Die Seelen

Der Fährmann lag in seinem Schiff
Beim Schein des Mondenlichts,
Als etwas kam und rief und pfiff;
Doch sehen tat er nichts.

Ihm war, als stiegen hundert ein.
Das Schifflein wurde schwer.
Flink, Fährmann, fahr uns übern Rhein,
Die Zahlung folgt nachher.

Und als er seine Pflicht getan,
Da ging es klinglingling,
Da warf ein Goldstück in den Kahn
Jedwedes Geisterding.

Husch, weg und weiter zog die Schar.
Verwundert steht der Mann:
So Seelen sind zwar unsichtbar,
Und doch ist etwas dran.

Zu guter Letzt

4. Dezember

Überliefert

Zu Olims Zeit, auf der Oase
Am Quell, wo schlanke Palmen stehen,
Saß einst das Väterchen im Grase
Und hatte allerlei Ideen.

Gern sprach davon der Hochverehrte
Zu seinen Söhnen, seinen Töchtern,
Und das Gelehrte, oft Gehörte
Ging von Geschlechte zu Geschlechtern.

Auch wir in mancher Abendstunde,
Wenn treue Liebe uns bewachte,
Vernehmen froh die gute Kunde
Von dem, was Väterchen erdachte.

Und sicher klingt das früh Gewußte
So lang in wohlgeneigte Ohren,
Bis auf der kalten Erdenkruste
Das letzte Menschenherz erfroren.

Zu guter Letzt

5. Dezember

Strebst du nach des Himmels Freude
Und du weißt's nicht anzufassen,
Sieh nur, was die andern Leute
Mit Vergnügen liegenlassen.

Dicke Stein, altes Eisen
Und mit Sand gefüllte Säcke
Sind den meisten, welche reisen,
Ein entbehrliches Gepäcke.

Laß sie laufen, laß sie rennen;
Nimm, was bleibt, zu deinem Teile.
Nur was sie dir herzlich gönnen,
Dient zu deinem ew'gen Heile.

Kritik des Herzens

6. Dezember

Scheu und treu

Er liebte sie in aller Stille.
Bescheiden, schüchtern und von fern
Schielt er nach ihr durch seine Brille
Und hat sie doch so schrecklich gern.

Ein Mücklein, welches an der Nase
Des schönen Kindes saugend saß,
Ertränkte sich in seinem Glase.
Es schmeckte ihm wie Ananas.

Sie hatte Haare wie 'ne Puppe,
So unvergleichlich blond und kraus.
Einst fand er eines in der Suppe
Und zog es hochbeglückt heraus.

Er rollt es auf zu einem Löckchen,
Hat's in ein Medaillon gelegt.
Nun hängt es unter seinem Röckchen
Da, wo sein treues Herze schlägt.

Zu guter Letzt

7. Dezember

Ungenügend

Sei es freundlich, sei es böse,
Meist genügend klar und scharf
Klingt des Mundes Wortgetöse
Für den täglichen Bedarf.

Doch die Höchstgefühle heischen
Ihren ganz besondern Klang;
Dann sagt grunzen oder kreischen
Mehr als Rede und Gesang.

Zu guter Letzt

8. Dezember

Versäumt

Zur Arbeit ist kein Bub geschaffen,
Das Lernen findet er nicht schön;
Er möchte träumen, möchte gaffen
Und Vogelnester suchen gehn.

Er liebt es, lang im Bett zu liegen.
Und wie es halt im Leben geht:
Grad zu den frühen Morgenzügen
Kommt man am leichtesten zu spät.

Schein und Sein

9. Dezember

Muß ich mich schon wieder plagen?
Also wieder ein Gedicht?
Soll ich wagen Nein! zu sagen? –
Nein, ich bin kein Bösewicht!

Dehne dich, Poetenleder!
Werde flüssig, alter Leim!
Sieh, schon tröpfelt aus der Feder
Der mit Angst gesuchte Reim!

Und so zeig ich mit Vergnügen
Mich als einen netten Herrn. –
Ach, mitunter muß man lügen,
Und mitunter lügt man gern.

Ausgewählte Gedichte

10. Dezember

Zauberschwestern

Zwiefach sind die Phantasien,
Sind ein Zauberschwesternpaar,
Sie erscheinen, singen, fliehen
Wesenlos und wunderbar.

Eine ist die himmelblaue,
Die uns froh entgegenlacht;
Doch die andre ist die graue,
Welche angst und bange macht.

Jene singt von lauter Rosen,
Singt von Liebe und Genuß,
Diese stürzt den Hoffnungslosen
Von der Brücke in den Fluß.

Zu guter Letzt

11. Dezember

Also hat es dir gefallen
Hier in dieser schönen Welt,
So daß das Vondannenwallen
Dir nicht sonderlich gefällt.

Laß dich das doch nicht verdrießen.
Wenn du wirklich willst und meinst,
Wirst du wieder aufersprießen;
Nur nicht ganz genau wie einst.

Aber, Alter, das bedenke,
Daß es hier noch manches gibt,
Zum Exempel Gicht und Ränke,
Was im ganzen unbeliebt.

Kritik des Herzens

12. Dezember

Armer Haushalt

Weh, wer ohne rechte Mittel
Sich der Poesie vermählt!
Täglich dünner wird der Kittel,
Und die Milch im Hause fehlt.

Ängstlich schwitzend muß er sitzen,
Fort ist seine Seelenruh,
Und vergeblich an den Zitzen
Zupft er seine magre Kuh.

Schein und Sein

13. Dezember

Wärst du wirklich so ein rechter
Und wahrhaftiger Asket,
So ein Welt- und Kostverächter,
Der bis an die Wurzel geht,

Dem des Goldes freundlich Blinken,
Dem die Liebe eine Last,
Der das Essen und das Trinken,
Der des Ruhmes Kränze haßt –

Das Gekratze und Gejucke,
Aller Jammer hörte auf;
Kracks! Mit einem einz'gen Rucke
Hemmtest du den Weltenlauf.

Kritik des Herzens

14. Dezember

Mein kleinster Fehler ist der Neid.
Aufrichtigkeit, Bescheidenheit,
Dienstfertigkeit und Frömmigkeit,
Obschon es herrlich schöne Gaben,
Die gönn' ich allen, die sie haben.
Nur wenn ich sehe, daß der Schlechte
Das kriegt, was ich gern selber möchte;
Nur wenn ich leider in der Nähe,
So viele böse Menschen sehe,
Und wenn ich dann so oft bemerke
Wie sie durch sittenlose Werke
Den lasterhaften Leib ergötzen,
Das freilich tut mich tief verletzen.
Sonst, wie gesagt, bin ich hienieden
Gottlobunddank so recht zufrieden.

Kritik des Herzens

15. Dezember

Der Wetterhahn

Wie hat sich sonst so schön der Hahn
Auf unserm Turm gedreht
Und damit jedem kundgetan,
Woher der Wind geweht.

Doch seit dem letzten Sturme hat
Er keinen rechten Lauf;
Er hängt so schief, er ist so matt,
Und keiner schaut mehr drauf.

Jetzt leckt man an den Finger halt
Und hält ihn hoch geschwind.
Die Seite, wo der Finger kalt,
Von daher weht der Wind.

Zu guter Letzt

16. Dezember

Das Blut

Wie ein Kranker, den das Fieber
Heiß gemacht und aufgeregt,
Sich herüber und hinüber
Auf die andre Seite legt –

So die Welt. Vor Haß und Hader
Hat sie niemals noch geruht.
Immerfort durch jede Ader
Tobt das alte Sünderblut.

Schein und Sein

17. Dezember

Sehnsucht

Schon viel zu lang
Hab ich der Bosheit mich ergeben.
Ich lasse töten, um zu leben,
Und bös macht bang.

Denn niemals ruht
Die Stimme in des Herzens Tiefe,
Als ob es zärtlich klagend riefe:
Sei wieder gut.

Und frisch vom Baum
Den allerschönsten Apfel brach ich.
Ich biß hinein, und seufzend sprach ich
Wie halb im Traum:

Du erstes Glück,
Du alter Paradiesesfrieden,
Da noch kein Lamm den Wolf gemieden,
O komm zurück!

Zu guter Letzt

18. Dezember

Unberufen

Gestützt auf seine beiden Krücken,
Die alte Kiepe auf dem Rücken,
Ging durch das Dorf ein Bettelmann
Und klopfte stets vergeblich an.
Erst aus dem allerletzten Haus
Kam eine gute Frau heraus,
Die grad den dritten Mann begraben,
Daher geneigt zu milden Gaben,
Und legt in seines Korbes Grund
Ein Brot von mehr als sieben Pfund.
Ein schmaler Steg führt gleich danach
Ihn über einen Rauschebach.
Jetzt hab ich Brot, jetzt bin ich glücklich!
So rief er froh, und augenblicklich
Fiel durch den Korb, der nicht mehr gut,
Sein Brot hinunter in die Flut.
Das kommt von solchem Übermut.

Zu guter Letzt

19. Dezember

Mein Lebenslauf

Mein Lebenslauf ist bald erzählt.
In stiller Ewigkeit verloren
Schlief ich, und nichts hat mir gefehlt,
Bis daß ich sichtbar ward geboren.
Was aber nun? – Auf schwachen Krücken,
Ein leichtes Bündel auf dem Rücken,
Bin ich getrost dahingestolpert,
Mitunter grad, mitunter krumm,
Und schließlich mußt ich mich verschnaufen.
Bedenklich rieb ich meine Glatze
Und sah mich in der Gegend um.
O weh! Ich war im Kreis gelaufen,
Stand wiederum am alten Platze,
Und vor mir dreht sich lang und breit,
Wie ehedem, die Ewigkeit.

Ausgewählte Gedichte

20. Dezember

Gemartert

Ein gutes Tier
Ist das Klavier,
Still, friedlich und bescheiden,
Und muß dabei
Doch vielerlei
Erdulden und erleiden.
Der Virtuos
Stürzt darauf los
Mit hochgesträubter Mähne.
Er öffnet ihm
Voll Ungestüm
Den Leib, gleich der Hyäne.
Und rasend wild,
Das Herz erfüllt
Von mörderlicher Freude,
Durchwühlt er dann,
Soweit er kann,
Des Opfers Eingeweide.
Wie es da schrie,
Das arme Vieh,
Und unter Angstgewimmer
Bald hoch, bald tief
Um Hilfe rief,
Vergeß ich nie und nimmer.

Zu guter Letzt

21. Dezember

Ach, ich fühl es! Keine Tugend
Ist so recht nach meinem Sinn;
Stets befind ich mich am wohlsten,
Wenn ich damit fertig bin.

Dahingegen so ein Laster,
Ja, das macht mir viel Pläsier;
Und ich hab' die hübschen Sachen
Lieber vor als hinter mir.

Kritik des Herzens

22. Dezember

Vergeblich

Schon recht. Du willst als Philosoph
Die Wahrheit dir gewinnen;
Du machst mit Worten ihr den Hof,
Um sie so einzuspinnen.

Nun sage nicht, daß zwischen dir
Und ihr schon alles richtig.
Sie ist und bleibt, das wissen wir,
Jungfräulich, keusch und züchtig.

Schein und Sein

23. Dezember

Gestört

Ich gedachte still zu sitzen,
Doch sogleich begann das Treiben:
Du mußt gehen, laufen, schwitzen,
Um so forsch wie wir zu bleiben.

Und sie wollten mir mit ihrer
Mode keine Ruhe gönnen,
Gleich wie Boten und Hausierer
Sollt ich hin und wieder rennen.

Ich besah mir diese Geister,
Diese ungestümen Treiber.
Oft sind solche weisen Meister
Grad die ärgsten Klageweiber.

Schein und Sein

24. Dezember

Der Stern

Hätt einer auch fast mehr Verstand
Als wie die drei Weisen aus Morgenland
Und ließe sich dünken, er wär wohl nie
Dem Sternlein nachgereist wie sie;
Dennoch, wenn nun das Weihnachtsfest
Seine Lichtlein wonniglich scheinen läßt,
Fällt auch auf sein verständig Gesicht,
Er mag es merken oder nicht,
Ein freundlicher Strahl
Des Wundersternes von dazumal.

Schein und Sein

25. Dezember

Du willst sie nie und nie mehr wiedersehen?
Besinne dich, mein Herz, es ist noch Zeit.
Sie war so lieb. Verzeih, was auch geschehen.
Sonst nimmt dich wohl beim Wort die Ewigkeit
Und zwingt dich mit Gewalt zum Weitergehen
Ins öde Reich der Allvergessenheit.
Du rufst und rufst; vergebens sind die Worte;
Ins feste Schloß dumpf dröhnend schlägt die Pforte.

Kritik des Herzens

26. Dezember

Gestern war in meiner Mütze
Mir mal wieder was nicht recht;
Die Natur schien mir nichts nütze
Und der Mensch erbärmlich schlecht.

Meine Ehgemahlin hab ich
Ganz gehörig angeplärrt,
Drauf aus purem Zorn begab ich
Mich ins Symphoniekonzert.

Doch auch dies war nicht so labend,
Wie ich eigentlich gedacht,
Weil man da den ganzen Abend
Wieder mal Musik gemacht.

Kritik des Herzens

27. Dezember

Früher, da ich unerfahren
Und bescheidner war als heute,
Hatten meine höchste Achtung
andre Leute.

Später traf ich auf der Weide
Außer mir noch mehre Kälber,
Und nun schätz ich, sozusagen,
Erst mich selber.

Kritik des Herzens

28. Dezember

Es ist mal so

Zwar mit seinem losen Mund
Neigt er zum Krakeele.
Dabei ist er doch im Grund
Eine treue Seele.

Die er seine Freunde nennt,
Dulden seine Witze,
Denn ein jeder, der ihn kennt,
Kennt auch seine Mütze.

Schein und Sein

29. Dezember

Er war ein grundgescheiter Mann,
Sehr weise und hocherfahren;
Er trug ein graumeliertes Haar,
Dieweil er schon ziemlich bei Jahren.

Er war ein abgesagter Feind
Des Lachens und des Scherzens –
Und war doch der größte Narr am Hof
Der Königin seines Herzens.

Kritik des Herzens

30. Dezember

Sie hat nichts und du dergleichen;
Dennoch wollt ihr, wie ich sehe,
Zu dem Bund der heil'gen Ehe
Euch bereits die Hände reichen.

Kinder, seid ihr denn von Sinnen?
Überlegt euch das Kapitel!
Ohne die gehör'gen Mittel
Soll man keinen Krieg beginnen.

Kritik des Herzens

31. Dezember

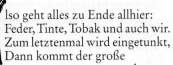lso geht alles zu Ende allhier:
Feder, Tinte, Tobak und auch wir.
Zum letztenmal wird eingetunkt,
Dann kommt der große
                        schwarze

Jobsiade

Erscheinungshinweise der veröffentlichten Gedichte, Reime und Sinnsprüche

„Fliegende Blätter"	1859–1871
Max und Moritz	1865
Hans Huckebein	1867
Schnurrdiburr oder Die Bienen	1869
Münchener Bilderbogen	1869–1871
Der heilige Antonius von Padua	1870
Die fromme Helene	1872
Bilder zur Jobsiade	1872
Der Geburtstag oder Die Partikularisten	1873
Dideldum	1874
Kritik des Herzens	1874
Knopp-Trilogie	1875–1877
Die Haarbeutel	1878
Fipps der Affe	1879
Stippstörchen für Äuglein und Öhrchen	1881
Balduin Bählamm	1883
Maler Klecksel	1884
Eduards Traum	1891
Zu guter Letzt	1904
Hernach	1908
Schein und Sein	1909
Ausgewählte Reime, Gedichte und Sinnsprüche	1854–1907